Sonderausgabe der Naumann & Göbel Verlagsgesellschaft mbH
in der VEMAG Verlags- und Medien Aktiengesellschaft, Köln

Redaktion: Stefanie Olbertz, Roswitha Schneider
Art Director: Jürgen Pengel
Grafik: Alexandra Löschenkohl
Titelgestaltung: essen & trinken
Rezepte: Versuchsküche essen & trinken/schöner essen
Styling: Renate Gerber, Gisela Koch, Günther Meierdierks, Michaela Suchy
Schlußredaktion: Karin Schanzenbach
Bildbearbeitung: Jutta Wolf
Fotos: Heino Banderob, Thomas Diercks, Kahlbrandt + Kahlbrandt, Wolfgang Krüger,
Dietrich Ruhde, Richard Stradtmann
Gesamtherstellung: Naumann & Göbel Verlagsgesellschaft mbH, Köln

ISBN 3-625-10875-5

essen & trinken

KOCHEN FÜR ZWEI

160 Rezepte für doppelten Genuß

NAUMANN & GÖBEL

Inhalt

Nudeln

Spaghetti, Makkaroni oder Penne – Nudeln halten sich praktisch unbegrenzt und sind die Grundlage für eine unendliche Vielfalt von warmen und kalten Gerichten.

Haut abziehen

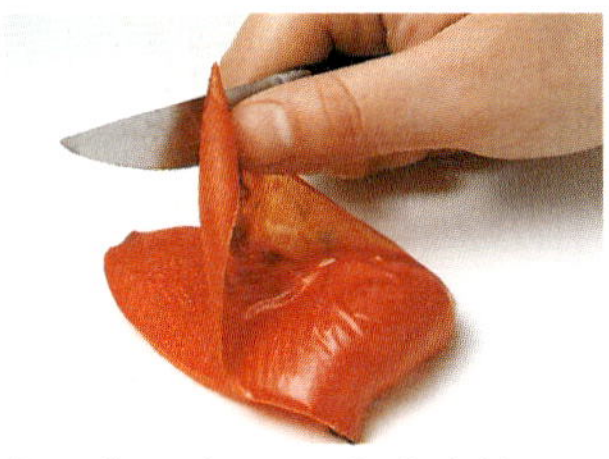

Paprikaschoten sind viel bekömmlicher, wenn Sie sie ohne Haut essen. Die Haut läßt sich leicht abziehen, wenn Sie die Schoten unter dem Grill ein paar Minuten rösten.

Spaghetti mit Paprika und Pinienkernen

Für 2 Portionen:
2 rote Paprikaschoten
1 gelbe Paprikaschote
1 Knoblauchzehe
1 rote Chilischote
50 g Pinienkerne
250 g Spaghetti
Salz
50 ml Olivenöl (kaltgepreßt)
Pfeffer (a. d. Mühle)
1/2 Bund Basilikum

1. Die Paprikaschoten vierteln, entkernen, putzen, unter dem Backofengrill ca. 8 Minuten rösten, mit einem feuchten Tuch abdecken, dann häuten. Auf ein Backblech legen und im vorgeheizten Backofen bei 60–70 Grad etwa 2–3 Stunden antrocknen lassen.

2. Die Knoblauchzehe pellen und klein würfeln. Die Chilischote längs halbieren, entkernen und sehr fein würfeln. Pinienkerne in einer Pfanne ohne Fett goldbraun rösten und beiseite stellen.

3. Die Spaghetti nach Packungsanweisung in Salzwasser kochen, abgießen, mit 1 El Öl vermischen und warm halten. Die Paprikaschoten in 2–3 cm große Stücke schneiden.

4. 1 El Öl in einer Pfanne erwärmen. Knoblauch und Chilischote darin bei milder Hitze etwa 1 Minute anschwitzen, ohne daß sie Farbe annehmen. Paprikaschoten, Pinienkerne und das restliche Olivenöl dazugeben.

5. Alles zusammen vorsichtig erwärmen und mit den heißen Spaghetti in einer vorgewärmten Schüssel gut mischen. Mit Salz und Pfeffer würzen. Die Basilikumblätter in grobe Streifen schneiden und vorsichtig unterheben.

Zubereitungszeit: 45 Minuten
(plus 2–3 Stunden Antrockenzeit)
Pro Portion 26 g E, 36 g F,
94 g KH = 828 kcal (3460 kJ)

Zitronennudeln mit Ricotta

Für 2 Portionen:
1/2 Bund Brunnenkresse
100 g rosa Champignons
1 Zitrone (unbehandelt)
125 g schmale Bandnudeln (Tagliatelle)
Salz
50 g Butter
40 g Pinienkerne
1/2 Bund Basilikum
200 ml Schlagsahne
150 g Ricotta (ital. Frischkäse)
1 kleine Knoblauchzehe
weißer Pfeffer (a. d. Mühle)
20 g Parmesan

1. Die Brunnenkresse verlesen, waschen und die Blätter ohne Stiele 2–3 mal grob durchschneiden. Die Champignons putzen, kurz abspülen und in Scheiben schneiden. Die Zitrone heiß abwaschen, trockentupfen und die Schale fein abreiben, 2 El Saft auspressen.

2. Die Nudeln nach Packungsanweisung in Salzwasser garen und in einem Sieb abtropfen lassen. Die Butter in einem Topf schmelzen und die Pinienkerne bei mittlerer Hitze goldbraun rösten. Einige Basilikumblättchen beiseite legen, die restlichen fein schneiden.

3. Sahne und Ricotta in einem Topf einmal aufkochen und mit dem Schneidstab glattpürieren. Die Sauce erneut zum Kochen bringen, Brunnenkresse und Champignons dazugeben und 2 Minuten köcheln lassen.

4. Die Knoblauchzehe pellen und durchpressen. Die Nudeln unter die Käsesauce heben, erhitzen und mit Salz, Pfeffer, Knoblauch und Zitronensaft würzen. Geschnittenes Basilikum und Zitronenschale untermischen. Die Nudeln auf vorgewärmten Tellern mit Basilikumblättern anrichten, mit der Pinienkernbutter beträufeln. Parmesan über die Nudeln hobeln.

Zubereitungszeit: 30 Minuten
Pro Portion 36 g E, 72 g F, 53 g KH = 1040 kcal (4351 kJ)

Parmesan: dünne Scheiben

Parmesan ist meistens etwas bröckelig. Wenn Sie – wie für dieses Gericht oder für Salate – dünne Scheiben haben wollen, nehmen Sie einen Sparschäler. Mit ihm können Sie den Käse am leichtesten hobeln.

Penne mit Kalbsleber

Für 2 Portionen:
25 g Schalotten
100 g rosa Champignons
200 g Kalbsleber
125 g Penne
(ersatzweise in Stücke gebrochene Makkaroni)
Salz
1 El Öl
1 El Olivenöl
20 g Butter
12 kleine Salbeiblätter
Pfeffer (a. d. Mühle)

1. Die Schalotten pellen und in Scheiben schneiden. Die Champignons putzen, kurz waschen und in Scheiben schneiden. Die Kalbsleber putzen, abspülen, trockentupfen und in dünne Streifen schneiden.

2. Die Nudeln nach Packungsanweisung in reichlich Salzwasser mit 1 El Öl bißfest kochen.

3. Inzwischen das Olivenöl und die Butter in einer großen Pfanne erhitzen. Schalotten, Champignons, Leber und Salbeiblättchen nebeneinander in die Pfanne geben und etwa 5 Minuten bei milder Hitze braten. Mit Salz und Pfeffer würzen. Dann alles miteinander mischen und mit etwas Nudelwasser ablöschen.

4. Die Nudeln abgießen, in einem Sieb abtropfen lassen und mit der Leber, den Champignons, den Schalotten und den Salbeiblättern mischen.

Zubereitungszeit: 30 Minuten
Pro Portion 22 g E, 2 g F, 45 g KH = 451 kcal (1884 kJ)

Große Pfanne

Wenn Sie Pilze, Schalotten, Leber und Salbei bei milder Hitze nebeneinander in einer großen Pfanne braten, werden sie gleichzeitig gar.

Bratnudeln mit Paprika und Shiitake-Pilzen

Für 2 Portionen:
125 g krause Nudeln (Asien-Laden)
Salz
4 El Öl
1 El Chilisauce (süß-pikant)
3 El Sherry (trocken)
1 El Weißweinessig
3 El Sojasauce
3 El Weißwein (trocken)
1 rote Paprikaschote
80 g Shiitake-Pilze
1 kleine Stange Porree (ca. 180 g)
1 Knoblauchzehe
10 g frische Ingwerwurzel
1 kleine rote Pfefferschote (mild)
1 Tl Speisestärke

1. Die Nudeln in Salzwasser geben und nach etwa 2 Minuten mit zwei Gabeln voneinander lösen. Nach Packungsanweisung bißfest kochen, in ein Sieb gießen und warm abbrausen. In 1 El Öl wenden.

2. Chilisauce, Sherry, Essig, Sojasauce und Weißwein mit 60 ml Wasser verrühren und beiseite stellen. Die Paprikaschote vierteln, entkernen, waschen und putzen, erst längs in 2 cm breite Streifen, dann schräg in Rauten schneiden. Von den Pilzen die Stiele abschneiden und wegwerfen, die Hüte je nach Größe halbieren oder vierteln.

3. Den Porree längs halbieren. Die weißen und hellgrünen Teile schräg in 3 cm breite Rauten schneiden, waschen und abtropfen lassen. 1 dunkelgrünes Blatt vom Porree sehr fein würfeln. Knoblauch, Ingwer und die Pfefferschote putzen und ebenfalls fein würfeln, mit den Porreerauten mischen.

4. Die Nudeln in 2 Portionen teilen. Die Portionen nacheinander in einer kleinen Pfanne in je 1 El Öl langsam von der Unterseite knusprig braten. Nebeneinander auf ein Backblech gleiten lassen. Im vorgeheizten Backofen bei 150 Grad (Gas 1, Umluft 120 Grad) warm halten.

5. In einer großen Pfanne das restliche Öl sehr heiß werden lassen. Zuerst die Paprikaschoten unter Rühren etwa 15 Sekunden braten. Die Pilze dazugeben und weitere 15 Sekunden stark braten. Den Porree untermischen, das Gemüse leicht salzen.

6. Die Speisestärke in der vorbereiteten Saucenmischung anrühren, dazugießen und etwa 1 Minute aufkochen. Die Hälfte der gewürfelten Gemüsemischung unterrühren, mit Salz nachwürzen. Mit den knusprigen Nudeln anrichten und mit dem restlichen Gemüse bestreut servieren.

Zubereitungszeit: 30 Minuten
Pro Portion 13 g E, 20 g F, 53 g KH = 454 kcal (1897 kJ)

Shiitake-Pilze

Shiitake-Pilze stammen ursprünglich aus Japan. Dort und auch in China sind sie seit Jahrhunderten außerordentlich beliebt. Nach Champignons und Austernpilzen gewinnt dieser Zuchtpilz auch bei uns immer mehr Freunde. Er hat ein kräftiges Aroma und eignet sich zum Braten, Dünsten, Grillen und Fritieren.

Lauwarmer Nudelsalat mit Kräutern

Für 2 Portionen:
je 1/2 rote und 1/2 gelbe Paprikaschote
2 kleine Möhren (80 g)
150 g Broccoli
80 g feine Bandnudeln (Tagliolini)
5 El Öl
Salz
2 reife Tomaten (100 g)
1/2 Bund glatte Petersilie
5 Zweige Thymian
3 Stiele Zitronenmelisse
1 Stiel Pfefferminze
4 kleine Salbeiblätter
3 Stiele großblättriges Basilikum
1 El Zitronensaft
schwarzer Pfeffer (a. d. Mühle)

1. Die Paprikaschoten halbieren, entkernen, putzen und mit der Hautseite nach oben auf ein Backblech legen. Unter dem Grill ca. 8 Minuten backen, bis die Haut schwärzliche Blasen wirft. Die Paprikaschoten mit einem feuchten Küchentuch abdecken. Danach die Haut mit einem Messer abziehen. Die Schoten quer in Streifen schneiden und beiseite stellen.

2. Möhren schälen und in sehr dünne Scheiben schneiden. Broccoli in sehr kleine Röschen zerteilen.

3. Die Nudeln nach Packungsanweisung mit 1 El Öl in Salzwasser bißfest garen, Möhrenscheiben und Broccoliröschen 4 Minuten mitkochen. Die Nudeln abgießen, abschrecken und im Sieb auskühlen lassen, dabei zwischendurch auflockern, damit sie nicht zusammenkleben.

4. Die Tomaten einritzen, überbrühen, abschrecken, häuten und vierteln, Saft und Kerne herausdrücken. Das Tomatenfleisch fein würfeln.

5. Die Kräuter abzupfen. Petersilie, Thymian und Zitronenmelisse grob hacken, Minze und Salbei fein hacken. Die Basilikumblätter zerzupfen.

6. Paprika und Tomaten im restlichen Öl erwärmen, mit Salz, Zitronensaft und Pfeffer würzen, mit allen Kräutern unter die Nudeln mischen und sofort servieren.

Zubereitungszeit: 1 Stunde
Pro Portion 8 g E, 21 g F, 32 g KH = 364 kcal (1521 kJ)

Safran-Fettuccine

Für 2 Portionen:
75 g Schalotten
75 g getrocknete Tomaten (in Öl)
100 g durchwachsener Speck (in Scheiben)
200 g Austernpilze
5 Zweige Thymian
100 g feine Fettuccine (ganz dünne Bandnudeln)
Salz, 30 g Butter
1 Döschen Safran (gemahlen)
25 g Parmesan (gerieben)
weißer Pfeffer (a. d. Mühle)

1. Die Schalotten pellen und fein würfeln. Die getrockneten Tomaten abtropfen lassen, dabei 1 El vom Tomatenöl auffangen. Dann das Fruchtfleisch in feine Streifen schneiden. Den Speck in dünne Streifen schneiden. Von den Austernpilzen die Stielverdikkung abschneiden. Die Pilze je nach Größe der Länge nach halbieren. Die Thymianblätter von den Zweigen streifen.

2. Die Nudeln nach Pakkungsanweisung in Salzwasser kochen, dann abgießen und kurz kalt abbrausen.

3. Die Hälfte der Butter in einer Pfanne erhitzen und den Speck und die Schalotten darin kräftig anbraten, die Austernpilze ca. 5 Minuten mitbraten. Dann die Tomaten untermischen und heiß werden lassen.

4. Die restliche Butter bei mäßiger Hitze schmelzen, den Safran in 1 El Wasser auflösen und schnell gleichmäßig mit der Butter verrühren. Die Nudeln dazugeben und mit der Safranbutter vermischen.

5. Das Pilzgemisch unter die Nudeln heben, die Thymianblättchen, das aufgefangene Tomatenöl und den geriebenen Parmesan dazugeben. Mit Salz und Pfeffer würzen.

Zubereitungszeit: 1 Stunde
Pro Portion 20 g E, 69 g F, 44 g KH = 912 kcal (3809 kJ)

Wenig Arbeit: Austernpilze

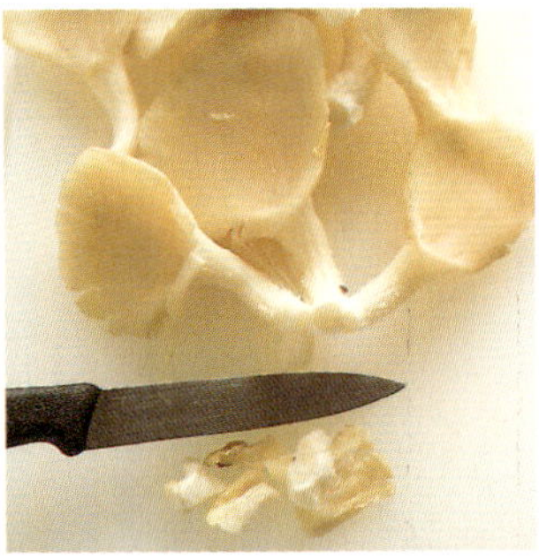

Wie alle gezüchteten Pilze sind auch die Austernpilze sehr sauber und müssen kaum geputzt werden. Es reicht, wenn Sie unten die Stielverdickung ein Stück abschneiden.

Austernpilze sind relativ wasserreich. Deshalb sollten Sie die breiten Hüte in gleich große Stücke schneiden, damit sie in der Pfanne gleichmäßig ausbraten.

Muschelnudeln mit Garnelen

Für 2 Portionen:
6–8 Riesengarnelen
(roh, ohne Kopf und Schale)
20 g Krebsbutter
1 kleine Zwiebel
1 Tl Mehl
1/8 l Schlagsahne
1/8 l Weißwein (trocken)
180 g Muschelnudeln
Salz
1/2 Bund Dill
1 Tl fein abgeriebene Schale von einer Orange (unbehandelt)
60 ml Orangensaft
weißer Pfeffer (a. d. Mühle)

1. Die Riesengarnelen am Rücken entlang einschneiden und den schwarzen Darm herausziehen. Die Garnelen kalt abspülen und trockentupfen.

2. Die Krebsbutter in einer Pfanne erhitzen und die Riesengarnelen darin von jeder Seite ca. 1 Minute anbraten, dann mit einer Schaumkelle aus der Pfanne nehmen.

3. Die Zwiebel pellen, in feine Würfel schneiden und im Bratfett andünsten. Mit Mehl bestäuben und kurz anschwitzen. Die Schlagsahne und den Weißwein dazugießen. Die Sahnemischung bei milder Hitze 8–10 Minuten köcheln lassen.

4. Die Muschelnudeln nach Packungsanweisung in Salzwasser bißfest kochen.

5. Die Garnelen in die Sauce geben und 2 Minuten darin garen. Einige Dillzweige zum Garnieren beiseite legen, den Rest fein hacken. Den Dill mit der Orangenschale und dem Orangensaft in die Sauce geben. Mit Salz und Pfeffer würzen.

6. Die Muschelnudeln abgießen, abschrecken und in einem Sieb abtropfen lassen. Die Nudeln mit der Orangen-Dill-Sauce auf vorgewärmten Tellern anrichten. Mit den restlichen Dillzweigen und eventuell einigen ungeschälten Orangenspalten garnieren.

Zubereitungszeit: 30 Minuten
Pro Portion 32 g E, 31 g F, 71 g KH = 718 kcal (3005 kJ)

Tortellini in Basilikum-Käse-Sauce

Für 2 Portionen:
80 g Gruyère
2 Tomaten
1/2 Bund Basilikum
1 Zwiebel
1 El Olivenöl
1 Tl Mehl
1/4 l Milch
Salz
weißer Pfeffer (a. d. Mühle)
1 El Weißwein (trocken)
Muskatnuß (frisch gerieben)
250 g Tortellini

1. Den Käse fein raspeln, Tomaten waschen, vierteln, entkernen und das Fruchtfleisch in Streifen schneiden. Die Basilikumblätter von den Stielen zupfen, einige zum Garnieren beiseite legen, den Rest in feine Streifen schneiden.

2. Die Zwiebel pellen und fein würfeln. Das Öl in einem Topf erhitzen, die Zwiebelwürfel dazugeben und bei mäßiger Hitze glasig dünsten. Mit Mehl bestäuben und kurz anschwitzen, die Milch dazugeben und 5 Minuten unter Rühren bei milder Hitze kochen lassen. Mit dem Schneidstab glattpürieren.

3. Den Käse nach und nach in die Sauce geben und bei milder Hitze unter ständigem Rühren schmelzen. Mit Salz, Pfeffer, Weißwein und Muskat würzen. Tomatenstreifen und Basilikum dazugeben und die Sauce nicht mehr kochen lassen.

4. Die Tortellini nach Packungsanweisung in Salzwasser bißfest kochen, abgießen und abtropfen lassen. Die Sauce noch einmal erhitzen. Die Tortellini auf vorgewärmten Tellern anrichten und die Sauce über die Nudeln geben. Mit Basilikumblättchen garnieren.

Zubereitungszeit: 30 Minuten
Pro Portion 31 g E, 25 g F,
98 g KH = 747 kcal (3123 kJ)

Tortellini

Tortellini sind – ähnlich wie Ravioli – mit einer Fleischfarce gefüllte Teigtaschen. Sie selbst herzustellen ist sehr aufwendig, es gibt sie aber inzwischen getrocknet oder im Kühlregal in guter Qualität fertig zu kaufen. Ein italienischer Klassiker aus der Emilia-Romagna sind Tortellini, die in Rinderbrühe gegart und als Suppe serviert werden.

Spaghetti mit rotem Pesto

Für 2–3 Portionen:
50 g Pinienkerne
2 mittelgroße Knoblauchzehen
1–2 frische kleine rote Chilischoten (eventuell getrocknete)
150 g getrocknete Tomaten (in Öl)
1 El Tomatenmark (20 g)
200 g Spaghetti
Salz
4 Stiele Basilikum
40 g Parmesan (frisch gerieben)

1. Die Pinienkerne in einer Pfanne ohne Fett bei mittlerer Hitze unter Wenden goldbraun rösten. Die Knoblauchzehen pellen und grob würfeln. Die Chilischoten längs aufschlitzen, entkernen und das Fruchtfleisch sehr fein würfeln. Die getrockneten Tomaten in einem Sieb abtropfen lassen, dabei 1–2 El Tomatenöl auffangen. Die Tomaten grob würfeln.

2. Pinienkerne, Knoblauch, Chiliwürfel und getrocknete Tomaten mit dem Schneidstab oder im Mörser zerkleinern. 60 ml Wasser, das abgetropfte Öl von den Tomaten und das Tomatenmark dazugeben, alles zu einer Paste vermengen.

3. Die Spaghetti in Salzwasser nach Packungsanweisung kochen. Die Spaghetti abgießen und dabei ca. 6 El vom Kochwasser auffangen. Das Kochwasser in eine große vorgewärmte Schüssel geben und mit dem Pesto verrühren. Die Spaghetti sofort gut damit vermengen und mit den frisch gezupften Basilikumblättern servieren. Den Parmesankäse extra dazu servieren.

Zubereitungszeit: 30 Minuten
Pro Portion (bei 3 Portionen) 21 g E, 39 g F, 55 g KH = 670 kcal (2804 kJ)

Spaghetti mit Knoblauch

Für 2 Portionen:
250 g Spaghetti
1 El Öl
Salz
4–5 mittelgroße Knoblauchzehen
1 frische Chilischote (ersatzweise 1 getrocknete)
75 ml Olivenöl
75 g Pecorino (mittelalt)

1. Die Spaghetti nach Packungsanweisung mit dem Öl in reichlich Salzwasser "al dente" kochen. Inzwischen die Knoblauchzehen pellen, vierteln bzw. sechsteln. Die Chilischote längs aufschlitzen, entkernen und fein hacken (die getrocknete Schote zerbröseln). Das Olivenöl in einer großen Pfanne erhitzen. Knoblauch und Chilischote darin leicht bräunen.

2. Die Nudeln abgießen, abschrecken und mit dem Chili-Knoblauch-Öl in einer vorgewärmten Schüssel gut vermengen. Sofort servieren. Mit etwas frisch geraspeltem Käse bestreuen. Den restlichen Käse extra dazu servieren.

Tip: In manchen Gegenden Italiens wird zusätzlich noch gehackte glatte Petersilie untergemischt.

Zubereitungszeit: 30 Minuten
Pro Portion 28 g E, 46 g F, 87 g KH = 878 kcal (3678 kJ)

Nudeln mit Steinpilzen

Für 2 Portionen:
5 g getrocknete Steinpilze
1 Knoblauchzehe
25 g Butter
100 ml Schlagsahne
50 g Parmaschinken (doppelt dick geschnitten)
150 g frische Steinpilze
2 El Olivenöl
Salz
weißer Pfeffer (a. d. Mühle)
je 60 g weiße und grüne Taglierini (schmale Bandnudeln; ersatzweise Fettuccine)
20 g milder Fontinakäse
2 Stiele Basilikum

1. Die getrockneten Steinpilze kurz abbrausen und 4 Stunden in 1/8 l lauwarmem Wasser einweichen. Dann das Pilzwasser durchfiltern und auffangen (die eingeweichten Pilze für ein anderes Gericht verwenden).

2. Die Knoblauchzehe pellen. 10 g Butter in einem Topf schmelzen, den Knoblauch hineinpressen und unterrühren. Das Steinpilzwasser und die Sahne dazugießen. Ohne Deckel bei starker Hitze in ca. 10 Minuten leicht cremig einkochen.

3. Inzwischen den Schinken in kurze Streifen schneiden. Die frischen Steinpilze putzen und in Scheiben schneiden. Die restliche Butter mit dem Öl erhitzen, den Schinken darin kräftig anbraten. Die frischen Pilze dazugeben, salzen, pfeffern und von beiden Seiten je 1 Minute stark braten.

4. Die Taglierini in Salzwasser nach Packungsanweisung kochen. Den Käse reiben und in der Sauce schmelzen, mit Salz und Pfeffer würzen. Die Steinpilze in die Sauce geben. Das Basilikum abzupfen und darüberstreuen. Mit den zweifarbigen Nudeln servieren.

Zubereitungszeit: 1 Stunde (plus Einweichzeit)
Pro Portion 19 g E, 47 g F, 48 g KH = 714 kcal (2985 kJ)

Nudeln: 4 x ganz schnell und einfach

Damit der frische Lachs saftig bleibt, lassen Sie ihn nur ein paar Minuten in der Sauce ziehen.

Lachs-Spaghetti

Für 2 Portionen:
250 g Lachsfilet
1 El Butter, 1 Tl Mehl
75 ml Milch
75 ml Schlagsahne
Salz, Pfeffer (a. d. Mühle)
250 g Spaghetti
1/2 Bund Schnittlauch
1 El Pernod

1. Lachsfilet längs halbieren und in 1 cm breite Streifen schneiden.

2. Die Butter erhitzen, das Mehl darin 1 Minute anschwitzen. Milch und Sahne dazugießen, mit Salz und Pfeffer würzen. 10 Minuten bei milder Hitze unter Rühren kochen.

3. Inzwischen die Nudeln bißfest garen, abtropfen. Schnittlauch in Röllchen schneiden.

4. Sauce mit Pernod aufkochen, Lachs und Schnittlauch dazugeben. Topf beiseite stellen und den Lachs 4–5 Minuten ziehen lassen. Spaghetti mit der Sauce servieren.

Zubereitungszeit: 30 Minuten
Pro Portion 41 g E, 34 g F, 93 g KH = 854 kcal (3573 kJ)

Damit die Käsepuffer schön knusprig werden, sollten Sie die Spaghetti ganz auskühlen lassen.

Spaghettipuffer mit Parmesan

Für 2 Portionen:
150 g Spaghetti
2 Eier (Gew.-Kl. 3)
20 g Parmesan (gerieben)
Salz
Pfeffer (a. d. Mühle)
2 El Öl

1. Spaghetti in vier Teile brechen, gar kochen, abtropfen und auskühlen lassen.

2. Spaghetti mit den Eiern und Parmesan vermengen, mit Salz und Pfeffer würzen.

3. Öl in einer Pfanne erhitzen. Die Nudel-Ei-Masse portionsweise mit einer Kelle in die Pfanne geben und zu Puffern flachdrücken.

4. Puffer auf jeder Seite 2–3 Minuten backen, herausnehmen und abtropfen lassen. Im Backofen bei 160 Grad warm halten, bis alle Puffer gebacken sind. Dazu paßt Paprika-Kräuter-Quark.

Zubereitungszeit: 30 Minuten
Pro Portion 20 g E, 22 g F, 52 g KH = 489 kcal (2047 kJ)

Dieser Nudelsalat schmeckt noch besser, wenn Sie ihm etwas Zeit zum Durchziehen geben.

Bunter Nudelsalat

Für 2 Portionen:
150 g Nudeln, Salz
80 g Erbsen (TK)
80 g Maiskörner (Dose)
100 g Staudensellerie
2 Tomaten (120 g)
4 Stiele Kerbel
1/2 Dose Thunfisch (in Öl, 75 g)
50 g Mayonnaise
50 g Magermilchjoghurt
Pfeffer (a. d. Mühle)
1 El Zitronensaft

1. Nudeln in Salzwasser bißfest kochen. 3 Minuten vor Ende der Garzeit die Erbsen zugeben. Mais abtropfen lassen, mit den Nudeln mischen.

2. Staudensellerie in Scheiben, Tomaten in Sechsteln zu den Nudeln geben.

3. Kerbel hacken, Thunfisch pürieren. Kerbel und Thunfisch mit Mayonnaise und Joghurt verrühren. Mit Salz, Pfeffer und Zitronensaft würzen. Salat locker mit der Sauce vermischen.

Zubereitungszeit: 30 Minuten
Pro Portion 24 g E, 30 g F, 66 g KH = 631 kcal (2642 kJ)

Dieses sahnige Nudelgericht können Sie auch sehr gut mit tiefgekühltem Blattspinat zubereiten.

Fettuccine mit Spinat

Für 2 Portionen:
500 g Blattspinat
Salz
200 g Fettuccine
1 El Öl
100 g Crème fraîche
100 g Mascarpone
Pfeffer (a. d. Mühle)
50 g Parmesan

1. Spinat putzen, waschen, dann tropfnaß mit Salz im geschlossenen Topf bei milder Hitze zusammenfallen lassen. Spinat abtropfen lassen, gründlich ausdrücken und grob hacken.

2. Nudeln mit dem Öl in Salzwasser bißfest garen, abschrecken, abtropfen lassen.

3. Nudeln und Spinat in einer stark vorgewärmten Schüssel mit Crème fraîche und Mascarpone mischen, kräftig mit Salz und Pfeffer würzen. Mit dem frisch geriebenen Parmesan bestreuen.

Zubereitungszeit: 30 Minuten
Pro Portion 33 g E, 43 g F, 73 g KH = 814 kcal (3405 kJ)

Rind & Kalb

Ideal für kleine Portionen und Garant für kurze Garzeiten sind die mageren, zarten Filets von Rind und Kalb, Schnitzelfleisch, Koteletts, aber auch Hackfleisch.

Tomaten häuten

So läßt sich die Haut leicht abziehen: auf der runden Seite über Kreuz einritzen, einige Minuten in kochendes Wasser legen, dann mit der Schaumkelle herausnehmen.

Kalbsfilet mit Spinat

Für 2 Portionen:
200 g Kartoffeln (festkochend)
Salz
500 g Blattspinat
10 g Butter
2 kleine Zwiebeln (ca. 60 g)
Pfeffer (a. d. Mühle)
2 kleine Tomaten (ca. 100 g)
1 El Öl
250 g Kalbsfilet
100 ml Kalbsfond (a. d. Glas)
3 El Weißwein (trocken)
2 Tl dunkles Saucenbindemittel

1. Die Kartoffeln mit der Schale in Salzwasser gar kochen. Den Spinat putzen, gründlich waschen und abtropfen lassen. Die Butter in einem Topf erhitzen. Die Zwiebeln pellen, längs in Spalten schneiden und in dem Fett glasig dünsten. Den Spinat dazugeben und unter Rühren zusammenfallen lassen. Mit Salz und Pfeffer würzen, zugedeckt 5 Minuten garen.

2. Die Tomaten kreuzweise einritzen, kurz in kochendes Wasser tauchen, abschrecken und die Haut abziehen. Tomaten in Spalten schneiden und die Kerne entfernen.

3. Das Öl in einer Pfanne erhitzen. Das Kalbsfilet mit Salz und Pfeffer würzen und darin rundherum anbraten. Mit Kalbsfond und Weißwein ablöschen und zugedeckt ca. 15 Minuten schmoren. Das Fleisch in Alufolie wickeln und 5 Minuten ruhenlassen.

4. Die Tomatenspalten unter den Spinat heben. Den Bratsud mit Saucenbindemittel binden. Das Fleisch in Scheiben schneiden und mit der Sauce, den gepellten, geviertelten Kartoffeln und dem Spinat auf vorgewärmten Tellern anrichten.

Zubereitungszeit: 30 Minuten
Pro Portion 34 g E, 9 g F, 19 g KH = 310 kcal (1300 kJ)

Kalbsklößchen in Zitronen-Kapern-Sauce

Für 2 Portionen:
1 kleine Rote Bete (150 g)
Salz
250 g Kalbsschnitzel
1 Scheibe Toastbrot
1 Bund Schnittlauch
200 g Kartoffeln (festkochend)
1 Tl Senf
1 Ei (Gew.-Kl. 3)
weißer Pfeffer (a. d. Mühle)
1/4 l Kalbsfond (a. d. Glas)
10 g Butter
10 g Mehl
1 El Schlagsahne
20 g Kapern
1 Tl Zitronensaft
Zucker
1 El Essig
1 Tl Öl
1 kleine Zwiebel

1. Die Rote Bete mit der Schale 50 Minuten in Salzwasser kochen. Das Kalbfleisch würfeln und im Mixer in zwei Portionen zerkleinern. Das Toastbrot entrinden und in Wasser einweichen. Den Schnittlauch in feine Röllchen schneiden. Die Kartoffeln schälen, in Stücke schneiden und in Salzwasser garen.

2. Das Toastbrot gut ausdrücken und mit dem Fleisch, Schnittlauch, Senf, Ei, Salz und Pfeffer zu einem glatten Teig verkneten. 8 Klößchen daraus formen und in dem leicht kochenden Kalbsfond 10 Minuten zugedeckt garen.

3. Die Klößchen mit einer Schaumkelle herausnehmen, den Fond durch ein Sieb gießen und dabei auffangen. Die Butter erhitzen, das Mehl darin anschwitzen, mit dem aufgefangenen Fond und der Schlagsahne auffüllen und unter Rühren 5 Minuten kochen lassen.

4. Kapern mit der Flüssigkeit und dem Zitronensaft in die Sauce geben, mit Salz, Pfeffer und 1 Prise Zucker würzen.

5. Essig mit Salz, Pfeffer und Öl verrühren. Die Rote Bete pellen, in Scheiben schneiden und mit der Sauce beträufeln. Die Zwiebel pellen, fein würfeln und darüberstreuen.

6. Die Klößchen in der Kapernsauce erwärmen und mit den Salzkartoffeln auf vorgewärmten Tellern anrichten. Die Rote Bete dazu servieren.

Zubereitungszeit: 1 Stunde
Pro Portion 36 g E, 14 g F, 30 g KH = 412 kcal (1721 kJ)

Die Klößchen abstechen

Damit die Klößchen eine gleichmäßige Form und Größe bekommen, stechen Sie sie mit zwei Eßlöffeln ab. Die einheitliche Größe ist wichtig – sie werden dann gleichzeitig gar.

Kalbsmedaillons am Spieß

Für 2 Portionen:
250 g kleine Champignons
50 g Schalotten
20 g Butter
Salz
weißer Pfeffer (a. d. Mühle)
1 Tl Senf
1/8 l Schlagsahne
4 Kalbsmedaillons
(à 80–100 g)
20 g Butterschmalz
Außerdem: 2 Holzspieße

1. Die Champignons putzen und kurz abspülen. Die Schalotten pellen und sehr fein würfeln. Die Butter in einer Pfanne erhitzen, die Schalottenwürfel darin andünsten. Die Champignons dazugeben, salzen, pfeffern und bei mittlerer Hitze 5–6 Minuten garen. Senf und die Hälfte der Schlagsahne dazugeben, kochen bis die Sauce cremig wird. Die restliche Sahne dazugießen und weitere 5–6 Minuten einkochen lassen.

2. Die Kalbsmedaillons trockentupfen, je 2 auf einen Holzspieß stecken. Die Medaillons salzen und pfeffern. Das Butterschmalz in einer Pfanne erhitzen. Die Medaillon-Spieße von beiden Seiten 3–4 Minuten bei mittlerer Hitze braten.

3. Die Spieße mit dem Champignonragout servieren. Dazu passen Bandnudeln, die mit in Butter gerösteten Semmelbröseln gemischt werden.

Zubereitungszeit: 30 Minuten
Pro Portion 38 g E, 38 g F,
4 g KH = 536 kcal (2244 kJ)

Schnell geputzt

Die gezüchteten Champignons sind meistens so sauber, daß es reicht, sie mit Küchenpapier abzureiben. Dann brauchen Sie nur noch den Stielansatz ein Stück abzuschneiden. Wenn Sie sie waschen: nur kurz abbrausen!

Szegediner Frikadellen

Für 2 Portionen:
40 g durchwachsener Speck (in Scheiben)
50 g Schalotten
125 g Sauerkraut
1 Scheibe Weizentoastbrot
1/2 Bund glatte Petersilie
250 g Rinderhack
1 Ei (Gew.-Kl. 3)
1 El Paprikapulver (edelsüß)
Salz
schwarzer Pfeffer (a. d. Mühle)
2 kleine rote Paprikaschoten (350 g)
250 g kleine Kartoffeln (festkochend)
5 El Öl
Kümmel
15 g Butter
1/2 Tl fein abgeriebene Schale einer Zitrone (unbehandelt)

1. Den Speck fein würfeln und knusprig ausbraten. Die Schalotten pellen, fein würfeln und im Bratfett andünsten. Das Sauerkraut in einem Sieb abtropfen lassen, sehr gut ausdrücken und grob hacken.

2. Das Toastbrot grob würfeln und in der Küchenmaschine (z. B. Moulinette) fein zerkrümeln. Die Petersilie, bis auf einige Blätter, grob hacken. Das Rinderhack mit den Toastkrümeln, der Hälfte der Petersilie, dem Speckgemisch, Sauerkraut, Ei, 1 Tl Paprikapulver, Salz und Pfeffer gut verkneten und daraus 4 Frikadellen formen.

3. Die Paprikaschoten vierteln, entkernen, putzen und mit der Hautseite nach oben auf ein Backblech legen. Unter dem Grill ca. 8 Minuten rösten, bis die Haut schwarze Blasen wirft. Aus dem Backofen nehmen und 5 Minuten mit einem feuchten Tuch bedecken. Dann häuten und in etwa 1 1/2 cm große Rauten schneiden.

4. Die Kartoffeln schälen, waschen und in 1/2 cm dünne Scheiben schneiden. 3 El Öl erhitzen und die Kartoffelscheiben bei mittlerer Hitze unter Wenden in ca. 8 Minuten goldbraun braten. Zum Schluß die Paprikarauten und die restliche Petersilie untermischen. Dabei mit Salz, Pfeffer und Kümmel würzen.

5. Inzwischen die Frikadellen im restlichen Öl bei mittlerer Hitze auf jeder Seite 4–5 Minuten braten. Zum Schluß die Butter dazugeben und aufschäumen lassen. Restliches Paprikapulver einstreuen und die Pfanne vom Herd nehmen. Das Kartoffel-Paprika-Gröstl und die Frikadellen auf Tellern anrichten, mit der Paprikabutter beträufeln und mit der Zitronenschale bestreuen.

Zubereitungszeit: 1 Stunde
Pro Portion 28 g E, 68 g F, 28 g KH = 847 kcal (3540 kJ)

Fein und mild: Schalotten

Schalotten liegen oft als „Pärchen" unter der Schale: deshalb vor dem Würfeln voneinander trennen. Dann halbieren, der Länge nach durchschneiden und quer würfeln.

Wiener Schnitzel

Für 2 Portionen:
2 Kalbsschnitzel (aus der Oberschale der Kalbskeule; à 120–150 g)
50 g Mehl
Salz
weißer Pfeffer (a. d. Mühle)
1 Ei (Gew.-Kl. 3)
1 El Sahne (geschlagen)
4 Scheiben Weizentoastbrot
ca. 1/4 l Öl zum Braten
1/2 Zitrone (unbehandelt)

1. Die Kalbsschnitzel flachklopfen. (Ein gutes Kalbsschnitzel sollte nicht dicker sein als 5 mm.)

2. Die Schnitzel mit Küchenpapier trockentupfen.

3. In einem Teller Mehl, Salz und Pfeffer mischen. In einem anderen Teller das Ei mit einer Gabel verschlagen, bis Eiweiß und Eigelb gut gemischt sind. Die geschlagene Sahne unter das Ei mischen. Das Toastbrot entrinden und in der Moulinette zerkrümeln. Die Toastbrotbrösel in einem dritten Teller verteilen. Schnitzel zuerst in Mehl wenden, überschüssiges Mehl abklopfen.

4. Anschließend jedes Schnitzel durch das Ei-Sahne-Gemisch ziehen.

5. Die Schnitzel sofort von beiden Seiten in die Brotkrumen drücken.

6. Das Öl in einer großen Pfanne erhitzen. (Eventuell mit einem trockenen Stück Weißbrot eine Probe machen: Wenn das Fett kleine Bläschen wirft und das Brot langsam bräunt, ist die Temperatur richtig.) Die Schnitzel von beiden Seiten ca. 3 Minuten goldbraun braten. Die Schnitzel mit einer Fleischgabel oder Schaumkelle aus dem Fett heben, kurz auf Küchenpapier legen, damit das überschüssige Fett aufgesogen wird. Die Zitrone in Spalten schneiden. Die Schnitzel mit den Zitronenspalten auf Tellern anrichten und sofort servieren. Dazu paßt Kartoffel-Gurken-Salat.

Zubereitungszeit: 30 Minuten
Pro Portion 33 g E, 26 g F, 35 g KH = 529 kcal (2211 kJ)

Die perfekte Hülle: Mehl, Ei und Brotbrösel

Die Schnitzel in mit Salz und Pfeffer gewürztem Mehl wenden, überschüssiges Mehl abklopfen. Dann das Fleisch durch die Eier-Sahne-Mischung ziehen (das geht am besten mit einer Fleischgabel). Zum Schluß von beiden Seiten in die Brösel drücken.

Kalbsschnitzel mit Kartoffelkruste

Für 2 Portionen:
200 g Kartoffeln (festkochend)
Salz
1/2 Tl Speisestärke
Muskatnuß (frisch gerieben)
2 Kalbsschnitzel (à 130 g)
Pfeffer (a. d. Mühle)
20 g Mehl
1 Ei (Gew.-Kl. 3)
20 g Butterschmalz
10 g Butter
150 g Erbsen (TK)
1 kleine Dose Schwarzwurzeln (400 g)
3 Stiele glatte Petersilie

1. Die Kartoffeln schälen, waschen und grob raspeln. Die Kartoffelraspel in Salzwasser 5 Minuten kochen, abschrekken und in einem Sieb abtropfen lassen. Mit der Speisestärke mischen, mit Salz und Muskat würzen.

2. Die Schnitzel mit Küchenpapier trockentupfen, von beiden Seiten mit Salz und Pfeffer würzen. Erst in Mehl wenden, dann durch das verquirlte Ei ziehen, zuletzt mit beiden Seiten in die Kartoffelmasse drücken. Das Butterschmalz in einer Pfanne erhitzen und die Kalbsschnitzel bei milder Hitze von beiden Seiten in etwa 6 Minuten braten, bis die Kartoffeln goldbraun sind.

3. Die Butter in einem Topf erhitzen und die gefrorenen Erbsen darin andünsten. Die Schwarzwurzeln in einem Sieb abtropfen lassen, zu den Erbsen geben und zugedeckt 5 Minuten garen.

4. Die Petersilienblätter abzupfen, hacken, unter das Gemüse heben und mit Salz und Pfeffer würzen. Das Gemüse mit den Kalbsschnitzeln servieren.

Zubereitungszeit: 30 Minuten
Pro Portion 37 g E, 19 g F, 30 g KH = 458 kcal (1917 kJ)

Kartoffeln raspeln

Für kleine Mengen ist die Vierkantreibe ein nützliches Küchengerät. Sie können damit Gurken, Möhren und anderes Gemüse in Scheiben schneiden und grob oder fein raspeln. Für die Kartoffelkruste nehmen Sie die grobe Seite der Reibe.

Gegrillte Hackspieße

Für 2 Portionen:
1 Knoblauchzehe
375 g Rinderhack
1/2 Tl getrockneter Chili
60 ml Mineralwasser
Salz
4 Tomaten
4 milde Peperoni
1/4 Salatgurke
1 kleines Stück Rettich
1 Zwiebel
4 Stiele glatte Petersilie
schwarzer Pfeffer
(a. d. Mühle)
4 El Olivenöl
Außerdem: 4 Grillspieße

1. Die Knoblauchzehe pellen und durchpressen. Das Hackfleisch mit Knoblauch, Chili und Mineralwasser gründlich verkneten, mit Salz würzen. Dann 4 Rollen formen, je 1 Spieß durch das Fleisch stecken, das Fleisch rund um die Spieße etwas andrücken.

2. Die Spieße auf ein Backblech legen. 2 Tomaten über Kreuz einritzen, mit den Peperoni neben die Spieße auf das Backblech setzen. Im vorgeheizten Backofen auf der 2. Schiene von oben 5–6 Minuten grillen.

3. Für den Salat die restlichen Tomaten, die Gurke und den Rettich waschen. Dann das Gemüse in Scheiben schneiden. Die Zwiebel pellen und würfeln. Die Gemüsescheiben und die Zwiebelwürfel mit der abgezupften Petersilie mischen. Mit Salz und Pfeffer würzen und mit dem Olivenöl beträufeln, zu den Hackspießen servieren. Dazu passen Fladenbrot, eingelegte Peperoni und schwarze Oliven.

Zubereitungszeit: 30 Minuten
Pro Portion 42 g E, 47 g F, 14 g KH = 643 kcal (2694 kJ)

Kalbsröllchen mit Salbei und Speck

Für 2 Portionen:
12 Salbeiblätter (1/2 Bund)
100 g Hähnchenleber
1 kleine Knoblauchzehe
200 g Kalbshack
2 Eigelb (Gew.-Kl. 3)
25 g Parmesan (frisch gerieben)
Salz
weißer Pfeffer (a. d. Mühle)
4 Kalbsschnitzel (à 80–100 g)
40 g durchwachsener Speck (in 4 dünne Scheiben geschnitten)
10 g Mehl
40 g Butter
60 ml Weißwein (trocken)
1/8 l Kalbsfond (a. d. Glas)

1. Für die Füllung 4 Salbeiblätter grob hacken. Die Hähnchenleber putzen und fein hacken. Die Knoblauchzehe pellen und durchpressen. Das Kalbshack mit gehacktem Salbei, Hähnchenleber, Knoblauch, Eigelb und Parmesan in einer Schüssel gut durchkneten. Mit Salz und Pfeffer würzen.

2. Die Kalbsschnitzel – am besten in einem Gefrierbeutel – flachklopfen und nebeneinander auf die Arbeitsfläche legen. Die Füllung daraufstreichen und die Schnitzel zu Rouladen aufrollen. Auf jede Roulade 2 Salbeiblätter legen, mit 1 Speckscheibe umwickeln und mit einem Holzstäbchen zusammenstecken. Rouladen leicht mit Mehl bestäuben.

3. Die Butter in einem Schmortopf erhitzen, die Röllchen darin unter Wenden goldbraun anbraten. Wein und Kalbsfond dazugießen, die Röllchen bei mittlerer Hitze zugedeckt 20 Minuten schmoren. Röllchen aus der Sauce nehmen und zugedeckt warm stellen. Die Sauce offen 3–4 Minuten sämig einkochen lassen und eventuell nachwürzen. Die Röllchen mit der Sauce servieren. Dazu passen Röstkartoffeln mit Rosmarin und ein Tomaten-Rauke-Salat.

Zubereitungszeit: 1 Stunde, 15 Minuten
Pro Portion 74 g E, 50 g F, 6 g KH = 822 kcal (3435 kJ)

Filetspitzen in Morchelrahm

Für 2 Portionen:
12 g Spitzmorcheln (getrocknet)
300 g Rinderfilet im Stück (aus der Spitze des Filets geschnitten)
2 El Öl
Salz
Pfeffer (a. d. Mühle)
50 ml Cognac
200 ml Crème double
1 El Schnittlauchröllchen

1. Die Spitzmorcheln in kaltem Wasser 15 Minuten einweichen. Das Rinderfilet in sehr dünne Scheiben schneiden. Die Morcheln aus dem Einweichwasser nehmen, einzeln unter kaltem Wasser gründlich waschen und in einem Sieb abtropfen lassen.

2. Das Öl in einer großen Pfanne erhitzen. Wenn das Fett sehr heiß ist, die Filetspitzen in der Mitte der Pfanne kräftig anbraten. Wenn der ausgetretene Fleischsaft verdunstet ist, das Fleisch salzen und pfeffern und auf der gesamten Pfannenfläche verteilen, alles kurz durchmischen und in eine Schüssel füllen.

3. Den Bratfond mit dem Cognac aufkochen. Die Flüssigkeit einkochen lassen, Crème double und Morcheln dazugeben und den Fond unter Rühren loskochen. Die Filetspitzen dazugeben und einmal aufkochen lassen. Mit Salz und Pfeffer würzen und mit den Schnittlauchröllchen bestreuen.
Dazu passen feine Bandnudeln oder Reis.

Zubereitungszeit: 30 Minuten
Pro Portion 36 g E, 54 g F, 7 g KH = 730 kcal (3061 kJ)

Anbraten

Damit das Fleisch schön braun, aber nicht zäh wird, muß es bei starker Hitze schnell gebraten werden. Dann salzen und pfeffern.

Rind & Kalb: 4 x ganz schnell und einfach

Damit sie saftig bleiben, werden die dünnen Kalbssteaks nur kurz von beiden Seiten gebraten.

Steaks mit Karamelschalotten

Für 2 Portionen:
250 g kleine Schalotten
15 g Zucker
15 g Butter
2 El Weißwein (trocken)
1 El Weißweinessig
Salz, Pfeffer (a. d. Mühle)
2 El Öl
250 g Kalbssteak in hauchdünnen Scheiben

1. Schalotten pellen. Zucker goldbraun schmelzen.

2. Butter unter den Zucker rühren und so lange weiterrühren, bis sich der Karamel gelöst hat. Schalotten, Wein und Essig dazugeben.

3. Schalotten 20–25 Minuten bei mittlerer Hitze garen, ab und zu umrühren. Mit Salz und Pfeffer würzen.

4. Öl erhitzen, die Steaks darin von beiden Seiten 2 Minuten braten, mit Salz und Pfeffer würzen. Kalbsteaks mit dem Schalottengemüse servieren. Dazu paßt Baguette.

Zubereitungszeit: 45 Minuten
Pro Portion 27 g E, 23 g F,
19 g KH = 425 kcal (1776 kJ)

Als Snack zu Wein oder Bier servieren oder – mit einer Suppe vorweg – als kleines Abendessen.

Scharfe Tatarschnitten

Für 2 Portionen:
180 g Tatar
1 Eigelb, 1 El Öl
Salz, Pfeffer (a. d. Mühle)
3 Scheiben Vollkornbrot
20 g Butter
2 El Mayonnaise
1/2 Tl Paprikapulver (edelsüß)
Cayennepfeffer
1 kleine rote Zwiebel
15 g Kapern
1/2 Beet Kresse

1. Das Tatar mit Eigelb, Öl, Salz und Pfeffer verkneten und auf die gebutterten Brote streichen.

2. Die Mayonnaise mit Paprikapulver und Cayennepfeffer verrühren, auf den Tatarbroten verteilen. Die Zwiebel pellen und fein würfeln, die Kapern abtropfen lassen und die Kresse vom Beet schneiden. Die Tatarschnitten mit Zwiebelwürfeln, Kapern und Kressesträußchen garnieren.

Zubereitungszeit: 15 Minuten
Pro Portion 26 g E, 36 g F,
29 g KH = 545 kcal (2280 kJ)

Wenn Sie für dieses Gericht Strauchtomaten verwenden, schmeckt es besonders aromatisch.

Tomatencurry

Für 2 Portionen:
250 g Zwiebeln (gewürfelt)
2 El Öl, 40 g Rosinen
250 g Rinderhack
Salz, Pfeffer (a. d. Mühle)
250 g Tomaten
70 g Tomatenmark, Zucker
1 El Curry, Cayennepfeffer
Saft von 1/2 Zitrone

1. Zwiebeln im heißen Öl andünsten. Dann in eine Form füllen und die Hälfte der Rosinen darüberstreuen.

2. Rinderhack salzen, pfeffern und daraus kleine Buletten formen. Tomaten halbieren und mit den Buletten in die Form schichten. Tomatenmark mit Salz, 1 El Zucker, Curry, Cayenne und Zitronensaft zu einer Sauce rühren und darübergießen. Restliche Rosinen darüberstreuen. Im vorgeheizten Ofen bei 180 Grad (Gas 2–3, Umluft 175 Grad) auf der 2. Leiste von unten 30 Minuten abgedeckt garen, dann die Form öffnen, weitere 15 Minuten garen.

Zubereitungszeit: 1 Stunde, 15 Minuten
Pro Portion 29 g E, 28 g F,
37 g KH = 522 kcal (2184 kJ)

Die Zitronenbutter können Sie auch in größerer Menge zubereiten und für kurze Zeit einfrieren.

Steaks mit Zitronenbutter

Für 2 Portionen:
1/2 Zitrone (unbehandelt)
125 g Butter
Salz, schwarzer Pfeffer (zerstoßen)
2 Rumpsteaks (à 200 g)
20 g Butterschmalz

1. Zitronenschale fein abreiben und den Saft auspressen.

2. Die Butter mit Zitronenschale und -saft, Salz und Pfeffer verrühren. In Alufolie wickeln, zu einer Rolle formen und ins Gefrierfach geben.

3. Steaks salzen und pfeffern. Butterschmalz erhitzen. Die Steaks auf jeder Seite 1 Minute bei starker Hitze anbraten. Bei mäßiger Hitze auf jeder Seite etwa 5 Minuten weiterbraten.

4. Die Zitronen-Pfeffer-Butter in Scheiben schneiden und zu den Rumpsteaks servieren. Dazu paßt ein grüner Salat.

Zubereitungszeit: 30 Minuten
Pro Portion 45 g E, 71 g F,
3 g KH = 824 kcal (3451 kJ)

Gemüse

Mit frischem Gemüse wird Ihr Speiseplan attraktiver und gesünder. Und von den großen Kohlköpfen mal abgesehen, gibt es alles auch in kleinen Mengen.

Abschneiden

Vor allem weißer Spargel hat oft holzige Enden. Schneiden Sie diese großzügig ab, denn sie sind hart und zäh.

Frühlingspfanne

Für 2 Portionen:
125 g kleine Bundmöhren
125 g Kohlrabi
125 g Schalotten
50 g Zuckerschoten
125 g weißer Spargel
125 g grüner Spargel
6 kleine Scheiben Graubrot
6 El Olivenöl
1 Knoblauchzehe (gepreßt)
Pfeffer (a. d. Mühle)
100 g Ziegenfrischkäse
20 g Parmesan (gerieben)
Salz, Zucker
3 Zweige Basilikum
2–3 El Aceto balsamico

1. Möhren putzen, dabei etwas Stielansatz stehen lassen. Kohlrabi schälen, in Spalten schneiden. Schalotten pellen. Zuckerschoten abfädeln. Weißen Spargel bis zum Kopf, grünen nur am unteren Drittel schälen. Holzige Enden abschneiden; weißen und grünen Spargel schräg in Stücke schneiden.

2. Das Brot mit 2 El Öl bepinseln. Mit Knoblauch bestreichen, pfeffern und unter dem Grill goldbraun rösten. Ziegenkäse in dünne Scheiben schneiden, auf den Broten verteilen, mit 1 El Öl beträufeln, mit Parmesan bestreuen.

3. Restliches Öl erhitzen und die Schalotten darin anbraten. Möhren, weißen Spargel und Kohlrabi dazugeben, mit Salz, Pfeffer und 1 Prise Zucker würzen, Gemüse goldbraun anbraten. Dann zugedeckt 12 Minuten garen. Nach 6 Minuten den grünen Spargel und 2 Minuten später die Zuckerschoten dazugeben. Ab und zu wenden. Kurz vor Ende der Garzeit die Brote noch einmal unter den heißen Grill schieben. Abgezupftes Basilikum fein schneiden, unter das Gemüse mischen. Mit den Broten servieren. Den Aceto balsamico über das Gemüse träufeln.

Zubereitungszeit: 45 Minuten
Pro Portion 19 g E, 42 g F, 69 g KH = 731 kcal (3059 kJ)

Selleriepüree mit gerösteter Petersilie

Für 2 Portionen:
1/2 Bund krause Petersilie
75 ml Öl
500 g Knollensellerie
3 Tl Zitronensaft
Salz
110 g Butter (gut gekühlt)
weißer Pfeffer (a. d. Mühle)
Muskatnuß (frisch gerieben)
1/2 Zitrone (in Spalten)

1. Die Petersilie von den dicken Stielen zupfen, waschen und trockenschütteln. Das Öl in einer Pfanne erhitzen, die Petersilie portionsweise in das Öl geben, mit einem Spritzschutz abdecken und ca. 1/2 Minute knusprig ausbacken. Dann auf Küchenpapier ausbreiten und abtropfen lassen.

2. Den Sellerie dick schälen und in Würfel schneiden. Mit Wasser bedecken und mit 1 Tl Zitronensaft und Salz würzen und 20 Minuten zugedeckt weich kochen. Ein Sieb mit einem Mulltuch auskleiden. Den Sellerie in das Mulltuch abgießen und mit einer Kelle gut ausdrücken. Die kalte Butter in Würfel schneiden. Den ausgedrückten Sellerie und die Butterwürfel in eine Küchenmaschine geben. Mit Salz, Pfeffer, Muskat und dem restlichen Zitronensaft herzhaft würzen und ca. 3 Minuten aufmixen.

3. Das Selleriepüree mit der ausgebackenen Petersilie und den Zitronenspalten garniert servieren. Das Selleriepüree paßt ausgezeichnet zu herzhaftem Fleisch, zum Beispiel zu Lammkoteletts.

Zubereitungszeit: 1 Stunde
Pro Portion 3 g E, 61 g F, 7 g KH = 610 kcal (2553 kJ)

Knollensellerie zerteilen

So bereiten Sie Knollensellerie zum Kochen vor: Mit einem großen Messer den Wurzel- und Blattansatz entfernen. Dann in dicke Scheiben schneiden und die Scheiben schälen. Sofort in Zitronenwasser legen, er verfärbt sich sonst.

Roh gebratener Spargel mit Rauke-Risotto

Für 2 Portionen:
75 g Schalotten
1 Knoblauchzehe
6 El Olivenöl
125 g Risotto-Reis (z. B. Arborio)
50 ml Weißwein (trocken)
325 ml Gemüsefond (a. d. Glas), Salz
weißer Pfeffer (a. d. Mühle)
250 g weißer Spargel
250 g grüner Spargel
25 g Rauke
40 ml Schlagsahne
30 g Parmesan (frisch gehobelt)

1. Schalotten und Knoblauch pellen, Schalotten fein würfeln, Knoblauch durchpressen. 3 El Olivenöl erhitzen, Schalotten und Knoblauch darin bei milder Hitze andünsten. Den Reis dazugeben und kurz mitdünsten. Mit Weißwein und Gemüsefond auffüllen, salzen, pfeffern und zugedeckt 35–40 Minuten leise kochen, bis die Flüssigkeit fast verdampft ist.

2. Inzwischen den weißen Spargel bis zum Kopf schälen, den grünen Spargel nur am unteren Drittel. Die holzigen Enden abschneiden und die Stangen schräg in 5 cm lange Stücke schneiden. Rauke waschen und die Blätter grob von den Stielen zupfen.

3. 12–15 Minuten bevor der Risotto gar ist, das restliche Olivenöl in einer breiten Pfanne erhitzen. Den weißen Spargel darin unter Wenden bei mittlerer Hitze leicht braun braten. Den grünen Spargel nach 5 Minuten dazugeben. Mit Salz und Pfeffer würzen. Die Sahne steif schlagen. Rauke und Sahne kurz vor dem Servieren vorsichtig mit einem Spatel unter den Risotto heben. Risotto mit dem gebratenen Spargel anrichten und mit dem Parmesan bestreuen.

Zubereitungszeit: 1 Stunde, 15 Minuten
Pro Portion 14 g E, 42 g F, 56 g KH = 663 kcal (2779 kJ)

Erbsenragout mit Kerbelsahne

Für 2 Portionen:
250 g kleine Kartoffeln (festkochend)
150 g Möhren
10 g Butterschmalz
1 Tl Mehl
1/8 l Gemüsefond (a. d. Glas)
Salz
Pfeffer (a. d. Mühle)
Muskatnuß (frisch gerieben)
1/2 Bund Frühlingszwiebeln
150 g Erbsen (TK)
100 ml Schlagsahne
1 El Zitronensaft
3 Zweige Kerbel

1. Die Kartoffeln schälen und waschen. Die Möhren schälen, vierteln und in mundgerechte Stücke schneiden. Das Butterschmalz in einem Topf erhitzen und das Gemüse darin bei milder Hitze andünsten. Dann das Mehl darüberstäuben und kurz anschwitzen. Den Gemüsefond dazugießen, mit Salz, Pfeffer und Muskat würzen. Das Gemüse zugedeckt 15 Minuten bei milder Hitze garen.

2. Die Frühlingszwiebeln putzen, waschen und in Ringe schneiden. Die Frühlingszwiebeln mit den gefrorenen Erbsen zum Gemüse geben und weitere 5 Minuten garen. Die Schlagsahne zum Ragout gießen. Mit Zitronensaft, Salz, Pfeffer und Muskat abschmekken. Die Kerbelblättchen abzupfen und über das Ragout streuen. Dazu paßt gedünstete Poulardenbrust.

Zubereitungszeit: 30 Minuten
Pro Portion 10 g E, 21 g F, 30 g KH = 372 kcal (1561 kJ)

Artischocken mit zwei Dips

Für 2 Portionen:
Salz
1 El Weißweinessig
1/2 Zitrone (unbehandelt)
2 Artischocken (à 450 g)
2 große Tomaten (100 g)
1/2 Knoblauchzehe
100 g Mayonnaise (80 %)
1 Tl Tomatenmark
1 Tl Sangrita pikante, Pfeffer
1 Stiel Estragon
2 Stiele Basilikum
125 g Vollmilchjoghurt
75 g Crème fraîche

1. In einem hohen großen Topf Salzwasser mit dem Essig und der geviertelten Zitrone zum Kochen bringen. Das obere Drittel der Artischokkenblätter mit einem scharfen Messer abschneiden und den Stiel herausdrehen. Die Artischocken in den Topf geben und zugedeckt 30–40 Minuten kochen. Dann im Sud leicht abkühlen lassen.

2. Inzwischen für den ersten Dip die Tomaten waschen, vierteln, entkernen und das Fruchtfleisch in feine Streifen schneiden. Den Knoblauch pellen und fein hacken. Die Tomatenwürfel mit Knoblauch, Mayonnaise, Tomatenmark und Sangrita pikante verrühren, den Dip herzhaft mit Salz und Pfeffer würzen.

3. Für den zweiten Dip Estragon und Basilikum fein hakken. Vollmilchjoghurt und Crème fraîche vermischen, die Kräuter unterheben. Salzen und pfeffern.

4. Die Artischocken aus dem Sud nehmen und lauwarm mit den Dips servieren. Dazu paßt knuspriges Baguette.

Zubereitungszeit: 45 Minuten
Pro Portion 10 g E, 52 g F, 11 g KH = 553 kcal (2314 kJ)

Blatt für Blatt

Und so werden Artischocken gegessen: Die Blätter einzeln aus dem Blütenkopf zupfen, das untere fleischige Ende in den Dip tauchen und mit den Zähnen abziehen. Bevor Sie das Feinste der Artischocke, den Boden verzehren, müssen Sie den ungenießbaren Flaum, das Heu, entfernen. Artischocken schmecken auch sehr gut mit einer warmen Sauce, zum Beispiel einer Sauce Hollandaise oder Sauce Béarnaise.

Tomatenpuffer mit Raukequark

Für 2 Portionen:
1/2 Bund Rauke
1 kleine Knoblauchzehe
200 g Sahnequark
50 ml Schlagsahne
1 El Olivenöl
Salz
1 Ei
20 g Mehl
75 g getrocknete Tomaten (in Öl)
1 kleiner Zweig Rosmarin
380 g große Kartoffeln (festkochend)
1/2 Tl Sambal oelek
ca. 60 ml Öl

1. Die Rauke waschen, trockenschleudern und kleinschneiden. Den Knoblauch pellen und durchpressen. Rauke mit Knoblauch, Quark, Sahne und Olivenöl verrühren. Mit Salz würzen.

2. Ei und Mehl verquirlen. Die getrockneten Tomaten in einem Sieb abtropfen lassen und grob zerteilen. Die Rosmarinnadeln vom Zweig streifen und hacken. Tomaten und Rosmarin zur Ei-Mischung geben. Die Kartoffeln schälen, waschen, mit der Haushaltsreibe grob in die Ei-Mischung raffeln und darin wenden. Mit Salz und Sambal oelek abschmecken.

3. Das Öl in einer Pfanne erhitzen und portionsweise 6 Puffer 3–4 Minuten von jeder Seite bei mäßiger Hitze braten. Mit dem Raukequark servieren. Dazu paßt Tomatensalat.

Zubereitungszeit: 30 Minuten
Pro Portion 24 g E, 65 g F,
40 g KH = 867 kcal (3632 kJ)

Schneiden

Es ist zeitraubend, die Raukeblättchen einzeln von den Stielen zu zupfen. Besser: Das Bund zusammenlassen, und die Blätter mit einem Küchenmesser quer in feine Streifen schneiden.

Artischocken-Omelett

Für 2 Portionen:
2 Artischocken
Salz
1 El Zitronensaft
1 Knoblauchzehe
3 El Olivenöl, 3 Eier
2 Stiele glatte Petersilie
15 g Parmesan (geraspelt)
schwarzer Pfeffer
(a. d. Mühle)

1. Die Artischockenböden roh auslösen. Dazu die äußeren Blätter entfernen (eventuell für eine Artischockensuppe verwenden). Das Heu von den Böden schaben, die Böden in kaltes Wasser mit Salz und Zitronensaft legen, damit sie nicht schwarz werden.

2. Inzwischen die Knoblauchzehe pellen und längs in dünne Scheiben schneiden. Die Artischockenböden trockentupfen und ebenfalls in dünne Scheiben schneiden. In einer ofenfesten Pfanne auf dem Herd 2 El Öl erhitzen und die Artischocken darin von beiden Seiten bei mäßiger Hitze goldbraun braten. Den Knoblauch nach dem Wenden dazugeben und hellbraun braten.

3. Die Pfanne kurz von der Kochstelle nehmen. Knoblauch und Artischockenböden mit der Schaumkelle aus dem Öl nehmen und auf Küchenpapier abtropfen lassen. 1 Ei trennen. Die 2 ganzen Eier und das Eigelb mit 1 Prise Salz verquirlen. Das Eiweiß steif schlagen und mit dem Schneebesen unterziehen.

4. Das Öl wieder heißer werden lassen, die Eimasse in die Pfanne gießen und langsam an der Unterseite stocken lassen. Inzwischen die Petersilie grob hacken.

5. Sobald das Ei auf der Unterseite fest wird, Artischokken und Knoblauch auf der Oberfläche verteilen. Mit Parmesan bestreuen und mit dem restlichen Olivenöl beträufeln. Im vorgeheizten Backofen auf der 2. Einschubleiste von unten bei 250 Grad (Gas 5, Umluft 225 Grad) 1 Minute backen. Mit Pfeffer würzen und mit Petersilie bestreut servieren.

Zubereitungszeit: 45 Minuten
Pro Portion 17 g E, 27 g F,
10 g KH = 368 kcal (1540 kJ)

Gemüse

Gemüsegratin

Für 2 Portionen:
250 g Fenchel
3 Stangen Staudensellerie mit Grün
2–3 Knoblauchzehen
2 reife Tomaten (ca. 100 g)
3 Stiele glatte Petersilie
6 El Olivenöl
Salz
Pfeffer (a. d. Mühle)
1 El Zitronensaft
50 ml Weißwein (trocken)
Zucker
Cayennepfeffer
30 g Weißbrot (ohne Rinde)
15 g Parmesan

1. Fenchel und Staudensellerie putzen, das Grün beiseite legen. Den Fenchel längs in Spalten schneiden. Den Sellerie auf der gewölbten Seite schälen und in 6 cm lange Stücke schneiden. Den Knoblauch pellen und mit der Breitseite einer Messerklinge zerdrücken.

2. Die Tomaten kreuzweise einritzen und kurz in kochendes Wasser legen, dann abschrecken und häuten, halbieren und leicht ausdrücken. Die Petersilie zusammmen mit dem Fenchel- und Selleriegrün grob hacken und beiseite stellen.

3. 3 El Olivenöl in einer Pfanne erhitzen, Fenchel, Sellerie und Knoblauch darin bei mäßiger Hitze ca. 5 Minuten hellbraun braten, mit Salz und Pfeffer würzen, ab und zu wenden. Zitronensaft und Wein dazugeben und 3 Minuten mitgaren. Dann die Gemüsemischung in eine Gratinform geben. Die Tomaten mit Salz, Pfeffer, 1 Prise Zucker und Cayenne würzen und dazwischen verteilen. Mit den Kräutern bestreuen.

4. Das Weißbrot würfeln und in der Moulinette zerkrümeln, den Parmesan fein raspeln, beides vermischen und über das Gemüse streuen. Unter dem vorgeheizten Grill 3–4 Minuten auf der 2. Einschubleiste von oben übergrillen (oder bei stärkerer Oberhitze 7–10 Minuten überbacken) und gleich servieren.

Zubereitungszeit: 45 Minuten
Pro Portion 7 g E, 32 g F, 20 g KH = 406 kcal (1698 kJ)

Messer

Die Alternative zur Knoblauchpresse: Die gepellten Zehen auf ein Brett legen und mit der Breitseite einer Messerklinge zerdrükken. Sie brauchen dafür allerdings ein Messer mit breiter Klinge.

Gefüllte Riesenchampignons

Für 2–3 Portionen:
6 Riesenchampignons (ca. 400 g)
4 El Olivenöl
Salz
schwarzer Pfeffer (a. d. Mühle)
1/2 Bund glatte Petersilie
1–2 El Zitronensaft
60 ml Weißwein (trocken)
30 g getrocknete Tomaten (in Öl)
50 g schwarze Oliven (mit Stein)
1 kleine Zwiebel
15 g Kapern
1 Fleischtomate
1 kleine Knoblauchzehe
100 g Vollmilchjoghurt
3 El Schlagsahne

1. Die Champignons mit Küchenpapier abreiben. Die Stielansätze abschneiden und die Stiele herausdrehen, beiseite legen. 2 El Olivenöl in einer Pfanne nicht zu heiß werden lassen. Die Pilze darin bei schwacher Hitze von beiden Seiten 3 Minuten sanft dünsten. Mit Salz und Pfeffer würzen, aus der Pfanne nehmen und kurz auf Küchenpapier abtropfen lassen. Mit der Höhlung nach oben in eine Servierform legen.

2. Die Petersilie abzupfen und in der Pfanne im Champignonbratfond andünsten. Zitronensaft und Weißwein dazugeben, einmal aufkochen und in die Pilze gießen. Die Pilze mit der Weinmischung so lange marinieren, bis die Füllung zubereitet ist.

3. Für die Füllung die Champignonstiele fein würfeln. Die getrockneten Tomaten abtropfen lassen, dabei 1 El Tomatenöl auffangen, die Tomaten würfeln. Von der Hälfte der Oliven das Fleisch von den Steinen schneiden. Die Zwiebel pellen und sehr fein würfeln.

4. 1 El Olivenöl und das aufgefangene Tomatenöl in einer Pfanne erhitzen, die Zwiebelwürfel darin glasig dünsten. Die Pilzwürfel dazugeben, mit Salz und Pfeffer würzen und 1 Minute unter Rütteln kräftig braten. Tomatenwürfel, Olivenfleisch und abgetropfte Kapern dazugeben.

5. Erst die Marinade aus den Champignons gießen, dann die Pilz-Tomaten-Mischung einfüllen. Die Fleischtomate grob würfeln und mit den restlichen Oliven zwischen den Champignons verteilen. Die Knoblauchzehe pellen und durchpressen. Den Joghurt mit Sahne und Knoblauch verrühren, salzen. Mit dem restlichen Olivenöl beträufeln und zu den Pilzen servieren. Dazu paßt Stangenweißbrot.

Zubereitungszeit: 30 Minuten
Pro Portion (bei 3 Portionen)
5 g E, 18 g F, 5 g KH = 212 kcal (889 kJ)

Kleiner Dreh

So einfach werden die Riesenchampignons zum Füllen vorbereitet: mit dem Hut nach unten in eine Hand nehmen und mit der anderen den Stiel herausdrehen. Wenn Sie den Stiel für die Füllung mitverwenden wollen, schneiden Sie den Stielansatz ab.

Pizza mit Rauke und Bündner Fleisch

Für 2 Portionen:
10 g frische Hefe
75 g Mehl
Salz
3 El Olivenöl
100 g ungewürzte, passierte Tomaten (z. B. Parmalat)
schwarzer Pfeffer (a. d. Mühle)
1 Messerspitze Oregano (getrocknet)
125 g Mozzarella
Mehl zum Ausrollen
Fett für die Form
80 g Rauke
100 g Kirschtomaten
25 g Parmesan (frisch gerieben)
40 g Bündner Fleisch

1. Die Hefe zerbröckeln und mit 60 ml lauwarmem Wasser anrühren. Mehl, Salz und 1 El Olivenöl dazugeben und mit den Knethaken des Handrührers zu einem glatten Teig verkneten. Zugedeckt an einem warmen Ort 25–30 Minuten gehen lassen.

2. Inzwischen die passierten Tomaten in einem breiten Topf 5 Minuten einkochen lassen, mit Salz, Pfeffer und Oregano würzen. Den Mozzarella in Scheiben schneiden.

3. Den Teig auf einer bemehlten Arbeitsfläche zu einem Kreis von ca. 24 cm Ø ausrollen und in eine leicht gefettete Pizzaform drücken. Die Tomatenmasse darauf glattstreichen, mit dem Mozzarella belegen. Im vorgeheizten Backofen bei 200 Grad (Gas 3, Umluft 10–15 Minuten bei 200 Grad) auf dem Boden etwa 15–20 Minuten backen.

4. Die Rauke putzen, waschen, trockenschütteln und grob hacken. Die Kirschtomaten waschen und halbieren. Beides mit dem Parmesan mischen und mit Pfeffer abschmecken.

5. Die Pizza aus dem Ofen nehmen, das Bündner Fleisch darauflegen, darüber die Rauke-Parmesan-Mischung verteilen und mit dem restlichen Olivenöl beträufeln.

6. Die Pizza auf der 2. Einschubleiste von unten nochmals für 10 Minuten in den 200 Grad heißen Backofen schieben (Umluft 5–8 Minuten). In Stücke schneiden und heiß servieren.

Zubereitungszeit: 1 Stunde (plus Gehzeit für den Teig)
Pro Portion 30 g E, 29 g F, 36 g KH = 542 kcal (2270 kJ)

Frisch gerieben am besten!

Parmesan sollten Sie immer frisch reiben! Bereits geriebener Parmesan, den man verpackt kaufen kann, schmeckt oft leicht bitter, besonders, wenn man ihn erhitzt. Auch in einem kleinen Haushalt ist es kein Problem, Parmesan im Stück im Vorrat zu haben. In Pergament gewickelt können Sie ihn im Kühlschrank eine ganze Weile aufheben.

Ofengemüse mit Ziegenkäse

Für 2 Portionen:
9 El Olivenöl (ca. 90 ml)
1 Tl Fenchelsaat
4 kleine Zwiebeln (160 g)
300 g Fenchel
6 kleine Kartoffeln (festkochend)
6 frische Lorbeerblätter
Salz
1 kleiner Zweig Rosmarin
4 Knoblauchzehen
1 rote Chilischote
40 g schwarze Oliven (mit Stein)
20 g grüne Oliven (ohne Stein)
50 g Ziegenfrischkäse
60 ml Milch
50 g Sahnequark
5 Stiele glatte Petersilie
50 ml Weißwein (trocken)

1. Eine Saftpfanne mit 5 El Öl einpinseln und mit Fenchelsaat bestreuen. Zwiebeln pellen, längs halbieren. Fenchel putzen und in 1 cm breite Scheiben schneiden. Kartoffeln waschen, schälen, längs zur Hälfte einschneiden und jeweils 1 Lorbeerblatt hineinschieben.

2. Das Gemüse salzen, mit dem Rosmarin in die Saftpfanne legen und mit dem restlichen Öl beträufeln. Im vorgeheizten Backofen bei 200 Grad (Gas 3, Umluft nicht empfehlenswert) auf der 2. Einschubleiste von unten 60 Minuten goldbraun braten. Knoblauch pellen und längs halbieren. Chilischote halbieren, entkernen, putzen und fein würfeln. Das Gemüse nach 30 Minuten wenden, Knoblauchhälften und Chiliwürfel dazugeben.

3. Schwarze Oliven vom Stein schneiden und mit den grünen Oliven grob hacken. Ziegenkäse, Milch und Quark mit den Quirlen des Handrührers verrühren und die Oliven untermischen. Petersilie fein hacken und mit dem Wein 5 Minuten vor Ende der Garzeit zum Gemüse geben. Gemüse auf einer Servierplatte anrichten, mit der Bratflüssigkeit beträufeln und mit der Käsecreme servieren.

Zubereitungszeit: 1 Stunde, 15 Minuten
Pro Portion 15 g E, 57 g F, 43 g KH = 783 kcal (3275 kJ)

Gemüse: 4 x ganz schnell und einfach

Ideal auch für Gäste: Die knusprigen Brote können Sie auf dem Blech leicht für viele zubereiten.

Tomatencrostini

Für 2 Portionen:
2 El Olivenöl
1 Knoblauchzehe (durchgepreßt)
4 Scheiben italienisches Brot
1 kleine Dose geschälte Tomaten
3 Zweige Basilikum
Salz, Pfeffer (a. d. Mühle)
50 g Mozzarella

1. Öl und Knoblauch verrühren, auf die Brotscheiben streichen und auf ein Backblech setzen. Die Brote unter dem Grill 6–8 Minuten rösten.

2. Tomaten abtropfen lassen und in Stücke schneiden. Feingeschnittene Basilikumblätter dazugeben, mit Salz und Pfeffer würzen. Mozzarella würfeln. Tomaten auf die Brotscheiben geben, mit dem Käse bestreuen.

3. Die Brote unter dem heißen Grill 4–5 Minuten überbacken, sofort servieren.

Zubereitungszeit: 30 Minuten
Pro Portion 11 g E, 15 g F, 34 g KH = 322 kcal (1348 kJ)

Die Auberginen saugen sich beim Braten nicht mit Fett voll, wenn Sie die Scheiben vorher salzen.

Auberginen auf ligurische Art

Für 2 Portionen:
1 Aubergine (ca. 250 g)
Salz, 250 g Tomaten
4 El Olivenöl
2 El Rotwein, Zucker
Cayennepfeffer
20 g Parmesan (gehobelt)
1 El Petersilie (gehackt)

1. Aubergine waschen und der Länge nach in 1 cm dicke Scheiben schneiden, salzen, 30 Minuten ziehen lassen.

2. Tomaten einritzen, überbrühen, häuten und vierteln. Saft und Kerne herausdrükken, das Fruchtfleisch pürieren. 2 El Öl mit Tomatenpüree und Wein 10 Minuten dicklich einkochen. Mit Salz, 1 Prise Zucker und Cayenne würzen.

3. Auberginen trockentupfen und im restlichen heißen Öl braten, kurz abtropfen lassen. Fächerförmig auf Tellern anrichten, mit der Sauce begießen. Mit Parmesan und Petersilie bestreuen.

Zubereitungszeit: 45 Minuten
Pro Portion 6 g E, 24 g F, 8 g KH = 271 kcal (1137 kJ)

Diesen edlen Imbiß können Sie während der Saison auch prima mit weißem Spargel zubereiten.

Spargel mit Pinienkernen

Für 2 Portionen:
300 g grüner Spargel
Salz
3 El Olivenöl
1 El Sherry-Essig
Pfeffer (a. d. Mühle)
40 g Pinienkerne
2 Zweige Petersilie

1. Grünen Spargel nur am unteren Drittel schälen und die holzigen Enden abschneiden. Spargel in Salzwasser bißfest kochen, abschrecken und längs halbieren.

2. 2 El Öl mit Essig, Salz und Pfeffer verrühren und über den Spargel träufeln. Pinienkerne im restlichen Öl goldbraun rösten. Petersilie abzupfen und hacken. Pinienkerne mit der Petersilie mischen und über den Spargel streuen. Dazu passen wachsweiche Eier und Parmaschinken.

Zubereitungszeit: 30 Minuten
Pro Portion 7 g E, 25 g F,
4 g KH = 267 kcal (1122 kJ)

Mit geräuchertem Schinken und Pellkartoffeln sind die Möhren ein kleines festliches Essen.

Zitronenmöhren

Für 2 Portionen:
1 Bund Möhren (500 g)
50 g Butter
50 ml Gemüsebrühe
Salz, Pfeffer (a. d. Mühle)
Zucker
1/2 Zitrone (unbehandelt)
25 g Pinienkerne
1/2 Bund glatte Petersilie (fein gehackt)

1. Möhren schälen, etwas Grün stehen lassen. Waschen und tropfnaß in 20 g zerlassener Butter schwenken. Brühe dazugießen, mit Salz, Pfeffer und 1 Prise Zucker würzen. Einmal aufkochen, dann zugedeckt bei milder Hitze 15–20 Minuten garen.

2. Die Hälfte der Zitrone abschälen, Schale fein schneiden, den Rest in Spalten schneiden. Pinienkerne in der restlichen Butter anrösten, Petersilie und Zitronenschale dazugeben. Salzen und pfeffern. Abgetropfte Möhren mit den Pinienkernen anrichten, mit Zitronenspalten servieren.

Zubereitungszeit: 30 Minuten
Pro Portion 5 g E, 28 g F,
13 g KH = 320 kcal (1339 kJ)

Schwein

Filet, Schnitzel, Kotelett – mit den kleinen Teilen des Borstenviehs bereiten Sie auf ganz schnelle und einfache Weise die unterschiedlichsten Gerichte zu.

Koteletts parieren

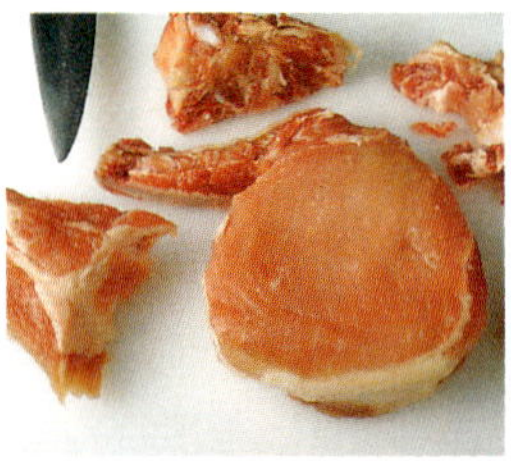

Von den Koteletts den Wirbelknochen abschlagen und den anderen, freiliegenden Knochen putzen. Fettrand einschneiden.

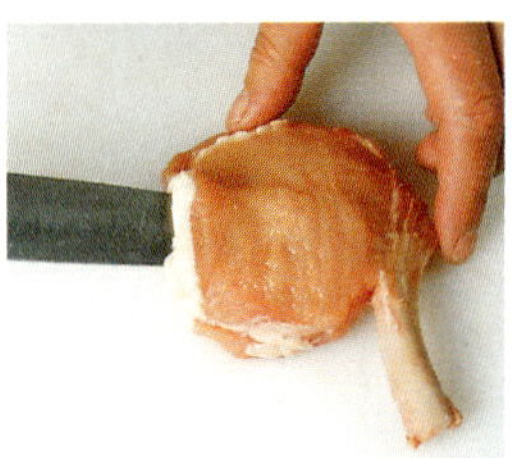

Dann mit einem scharfen Messer eine Tasche in die Koteletts schneiden und das Fleisch auf beiden Seiten salzen.

Gefüllte Schweinekoteletts

Für 2 Portionen:
2 Schweinekoteletts (exakt zwischen den Knochen geschnitten, insgesamt 400 g)
2 El Porreewürfel
1 Tl Knoblauch (gehackt)
1 Tl Ingwer (gehackt)
1 El Cashewkerne (gehackt)
2 El Öl
Salz
1 El Koriandergrün (gehackt)
1 kleine Zwiebel
5 Scheiben Ingwer
1 El Reisessig, 1 El Sojasauce
1 Tl Chilisauce (süß-pikant)
1/2 Tl Speisestärke
150 g Porree

1. Die Koteletts parieren (siehe Fotos links unten).

2. Für die Füllung Porreewürfel, Knoblauch, Ingwer und Cashewkerne mit 1 El Öl bei schwacher Hitze dünsten. Mit Salz und Koriandergrün würzen. Die Masse in die Koteletts füllen, mit Holzspießchen zusammenstecken.

3. Die Fleischreste, die ungepellte, geviertelte Zwiebel und 1 Ingwerscheibe im restlichen Öl scharf anbraten. 1/4 l Wasser dazugießen, bei starker Hitze auf 1/8 l einkochen.

4. Essig, Soja- und Chilisauce dazugeben, auf 60 ml Flüssigkeit einkochen. Die Sauce durch ein Sieb gießen und entfetten. Mit der Speisestärke binden und warm halten.

5. Porree putzen und in feine Streifen schneiden. Porreestreifen 1 Minute blanchieren und im Sieb abtropfen lassen.

6. Das Saucenfett erhitzen, die Koteletts darin von jeder Seite 5 Minuten braten, warm stellen. Die restlichen Ingwerscheiben im Fett knusprig braten und herausnehmen. Die Porreestreifen im Fett schwenken. Mit Koteletts, Sauce und Ingwerscheiben anrichten.

Zubereitungszeit: 1 Stunde, 15 Minuten
Pro Portion 38 g E, 24 g F,
8 g KH = 410 kcal (1718 kJ)

Gefülltes Schweinefilet

Für 2 Portionen:
1 kleine Zwiebel
1/2 Bund Basilikum
300 g Schweinefilet
Salz
Pfeffer (a. d. Mühle)
100 g Kräuterfrischkäse (Fertigprodukt)
15 g Butterschmalz
60 ml Weißwein (trocken)
60 ml Kalbsfond (a. d. Glas)
1/2 Zitrone (unbehandelt)

1. Die Zwiebel pellen, halbieren und in feine Würfel schneiden. Basilikumblätter von den Stielen zupfen.

2. Das Schweinefilet erst quer in 2 gleich große Stücke schneiden, dann jedes längs auf-, aber nicht ganz durchschneiden. Von beiden Seiten mit Salz und Pfeffer würzen.

3. Auf die Innenseiten der Filetstücke die Hälfte des Frischkäses streichen, dann mit der Hälfte des Basilikums belegen. Das Fleisch leicht zusammendrücken und mit Holzstäbchen feststecken.

4. Das Butterschmalz in einer Deckelpfanne erhitzen und das Schweinefilet darin rundherum anbraten. Die Zwiebelwürfel dazugeben, kurz mitbraten, dann mit Weißwein und Fond ablöschen. Die Filets zugedeckt bei mittlerer Hitze 8 Minuten schmoren. Das restliche Basilikum fein schneiden. Die Zitrone heiß abwaschen, trockentupfen und fein abreiben.

5. Den restlichen Frischkäse zusammen mit der Zitronenschale in den Bratenfond rühren. Die Sauce einmal aufkochen lassen und das geschnittene Basilikum dazugeben. Eventuell mit Salz und Pfeffer würzen. Dazu paßt Tomatensalat und knuspriges Baguette.

Zubereitungszeit: 30 Minuten
Pro Portion 28 g E, 30 g F, 2 g KH = 429 kcal (1794 kJ)

Filet füllen

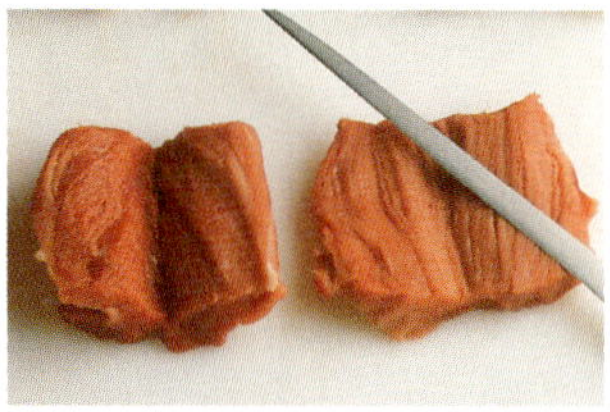

Für die ebenso einfache wie raffinierte Füllung halbieren Sie das Filet erst quer und schneiden es dann der Länge nach nicht ganz durch.

Den Frischkäse bis knapp an den Rand auf das Fleisch streichen, Basilikumblätter darauflegen. Das Filet leicht zusammendrücken und mit Holzstäbchen feststecken.

Filet-Medaillons auf Sahnegemüse

Für 2 Portionen:
6 Schweinemedaillons (à ca. 50 g)
8 dünne Scheiben Frühstücksspeck (ca. 100 g)
15 g Butterschmalz, Salz
2 El Weißwein (trocken)
400 g weißer Spargel
150 g Zucchini
15 g Butter
Pfeffer (a. d. Mühle)
Zucker
125 ml Schlagsahne
1 El heller Saucenbinder
25 g Gouda (gerieben)

1. Die Medaillons mit je 1 Scheibe Speck umwickeln. Das Butterschmalz erhitzen, den restlichen Speck in dünne Streifen schneiden und darin ausbraten. Medaillons im Fett rundherum goldbraun anbraten und leicht salzen. Mit Wein ablöschen und von der Kochstelle nehmen.

2. Den Spargel schälen, die holzigen Enden abschneiden, schräg in 4 cm lange Stücke schneiden. Zucchini längs halbieren und in Dreiecke schneiden. Die Butter erhitzen, den Spargel darin 3 Minuten bei milder Hitze dünsten, Zucchini untermischen. Mit Salz, Pfeffer und 1 Prise Zucker würzen und 2 Minuten weiterdünsten.

3. Die Sahne und den Saucenbinder verrühren, zum Gemüse gießen und aufkochen. Das Gemüse auf 1 größere (oder 2 kleine) ofenfeste Form verteilen. Die Medaillons daraufsetzen. Bratenfond, Speckstreifen und Gouda darüber verteilen. Im vorgeheizten Ofen bei 200 Grad (Gas 3, Umluft 180 Grad) auf der 2. Schiene von unten 10 Minuten garen. Dazu passen Kartoffeln.

Zubereitungszeit: 45 Minuten
Pro Portion 44 g E, 78 g F, 10 g KH = 913 kcal (3826 kJ)

Grüne Dreiecke

Wenn Sie die Zucchinihälften so versetzt schneiden, bekommen Sie die Dreiecke.

Schweinefleisch süß-sauer

Für 2 Portionen:
2 El Mehl, 2 El Speisestärke
2 Eier (Gew.-Kl. 3), Salz
1 El Weißweinessig
1 El Tomatenmark
2 El Tomatenketchup
3 El Orangensaft
1 Tl frisch geriebene Ingwerwurzel
1 El Sojasauce
4 El Ananassaft (a. d. Dose)
75 ml Gemüsebrühe
2 kleine Zwiebeln
1/2 grüne Paprikaschote
1 El Öl
50 g Ananas in Stücken (a. d. Dose)
Pfeffer (a. d. Mühle)
200 g Schweinefilet
Fett zum Fritieren

1. Das Mehl mit der Speisestärke, den Eiern und 1 Prise Salz zu einem glatten Teig verrühren.

2. Aus Essig, Tomatenmark, Tomatenketchup, Orangensaft, Ingwer, Sojasauce, Ananassaft und Gemüsebrühe eine Sauce rühren.

3. Die Zwiebeln pellen und fein würfeln. Die Paprikaschote putzen, entkernen, vierteln und in 1/2 cm große Würfel schneiden.

4. Das Öl in einer Pfanne erhitzen. Zwiebeln und Paprika darin 2 Minuten andünsten. Die Ananasstücke abtropfen lassen und zu den Zwiebeln in die Pfanne geben. Die angerührte Sauce dazugießen, einmal aufkochen lassen. Mit Salz und Pfeffer würzen. Die Gemüsesauce warm stellen.

5. Das Schweinefilet erst in 1/2 cm breite Streifen schneiden, dann salzen und pfeffern.

6. Das Fritierfett in einer tiefen Pfanne oder im Topf erhitzen.

7. Die Fleischstreifen durch den Teig ziehen und portionsweise im heißen Fett 3–4 Minuten ausbacken, kurz auf Küchenpapier abtropfen lassen. Das Fleisch mit der Gemüsesauce mischen und sofort servieren. Dazu paßt Reis.

Zubereitungszeit: 30 Minuten
Pro Portion 34 g E, 35 g F,
33 g KH = 580 kcal (2426 kJ)

Teighülle für das Fleisch

Das Schweinefilet in 1/2 cm breite Streifen schneiden. Dann jeden Streifen auf eine Fleischgabel spießen und durch den Teig ziehen. So wird das Fleisch gleichmäßig vom Teig umhüllt.

Schweinefilet mit Kirschgemüse

Für 2 Portionen:
1 Tl Sojasauce
1 Tl Chilisauce (süß-pikant)
1 kleine Knoblauchzehe
10 g frische Ingwerwurzel
350 g Schweinefilet
200 g Schalotten
250 g Sauerkirschen
30 g Butterschmalz
schwarzer Pfeffer (a. d. Mühle)
Salz, Zucker
1 El Thymianblättchen

1. Soja- und Chilisauce verrühren. Knoblauch pellen, Ingwer schälen, beides durch die Knoblauchpresse in die Sauce drücken. Das Schweinefilet mit der Marinade einpinseln und abgedeckt beiseite stellen.

2. Die Schalotten pellen, die größeren halbieren. Die Sauerkirschen waschen, abtropfen lassen, entstielen und entsteinen.

3. 15 g Butterschmalz in einem Topf erhitzen. Die Schalotten darin rundherum goldbraun anbraten, salzen, pfeffern und mit 3 El Wasser ablöschen. Schalotten zugedeckt bei milder Hitze 20 Minuten dünsten, mit Zucker und Thymianblättchen würzen.

4. Inzwischen das restliche Butterschmalz in einer Pfanne erhitzen. Das Filet darin von allen Seiten kräftig anbraten. Die Hitze herunterschalten. Das Filet unter ständigem Wenden weitere 10–12 Minuten braten, dabei immer wieder mit der restlichen Marinade einpinseln. Das Fleisch aus der Pfanne nehmen und in Alufolie wickeln.

5. Die Kirschen im Bratfond unter Schwenken vorsichtig erhitzen und die Schalotten untermischen.

6. Das Fleisch in Scheiben schneiden und auf vorgewärmten Tellern anrichten. Den Fleischsaft aus der Folie unter das Sauerkirschgemüse mischen. Das Gemüse zum Fleisch servieren.

Zubereitungszeit: 1 Stunde
Pro Portion 42 g E, 34 g F, 22 g KH = 576 kcal (2412 kJ)

Ohne Stein

Das Entsteinen der Kirschen geht schnell (und sie bleiben ganz), wenn Sie die Steine mit einem Kirschentsteiner aus dem Fleisch drücken.

Schwein: 4 x ganz schnell und einfach

Dieses fernöstliche Gericht können Sie auch wunderbar im Wok zubereiten und darin servieren.

Asiatisches Schweinefilet

Für 2 Portionen:
180 g Schweinefilet
1/2 Bund Frühlingszwiebeln
2 kleine Möhren
1/2 Dose Bambussprossen in Streifen (150 g), 3 El Öl
1 Knoblauchzehe (gehackt)
1/2 Tl Sambal oelek
1 El Sojasauce
Saft und abgeriebene Schale von 1/2 Limette
1 Bund Schnittlauch

1. Filet in schmale Streifen schneiden. Zwiebeln putzen, in Scheiben schneiden. Möhren mit dem Sparschäler in dünne Scheiben hobeln. Sprossen abtropfen lassen.

2. Fleisch im heißen Öl unter Rühren anbraten, alle Gemüse und den Knoblauch dazugeben und unter Rühren 5 Minuten braten. Mit Sambal oelek und Sojasauce würzen, dann Limettensaft und -schale dazugeben. Mit Schnittlauch bestreut servieren.

Zubereitungszeit: 30 Minuten
Pro Portion 23 g E, 18 g F, 10 g KH = 293 kcal (1225 kJ)

Der Speckmantel sorgt dafür, daß die Medaillons beim Garen im Backofen schön saftig bleiben.

Salbei-Medaillons

Für 2 Portionen:
6 Medaillons (à ca. 50 g)
Salz, Pfeffer (a. d. Mühle),
10 große Salbeiblätter
6 Scheiben Frühstücksspeck
15 g Butterschmalz
6 dünne Scheiben Knoblauch
30 g Butter (20 g davon kalt)
50 ml Kalbsfond (a. d. Glas)

1. Medaillons salzen, pfeffern und mit je 1 Salbeiblatt und 1 Scheibe Speck umwickeln, im Schmalz anbraten, in eine ofenfeste Form geben. Im heißen Ofen bei 175 Grad (Gas 2, Umluft 150 Grad) auf 2. Leiste von unten 12 Min. garen.

2. Restlichen Salbei längs halbieren. 10 g Butter im Bratfett schmelzen. Salbei und Knoblauch darin hellbraun braten, abtropfen lassen.

3. Fond in der Pfanne erhitzen, aufkochen. Kalte Butter in Stückchen unterschlagen. Medaillons mit der Sauce begießen, mit Salbei und Knoblauch bestreuen. Dazu paßt gedünsteter Mangold.

Zubereitungszeit: 30 Minuten
Pro Portion 36 g E, 40 g F, 1 g KH = 525 kcal (2197 kJ)

Die sahnig-würzige Senfsauce paßt auch gut zu gebratener Geflügelleber oder Hähnchenbrust.

Schweinefilet in Senfrahm

Für 2 Portionen:
300 g Schweinefilet
Salz, Pfeffer (a. d. Mühle)
15 g Butterschmalz
2 Tl Senf (mittelscharf)
1 kleine Zwiebel
100 g Crème fraîche
60 ml Schlagsahne

1. Schweinefilet mit Salz und Pfeffer einreiben. Schmalz erhitzen, Filet darin rundherum scharf anbraten, mit 1 Tl Senf bestreichen und bei reduzierter Hitze weiterbraten.

2. Zwiebel würfeln, kurz im Bratfett mitdünsten. Crème fraîche und Sahne dazugießen, die Pfanne zudecken und das Fleisch 15–20 Minuten bei mäßiger Hitze schmoren. Vor dem Servieren die Sauce mit restlichem Senf würzen. Das Schweinefilet in gleichmäßige Scheiben schneiden. Mit dem Senfrahm servieren. Dazu paßt ein grüner Salat und knuspriges Baguette.

Zubereitungszeit: 30 Minuten
Pro Portion 33 g E, 53 g F,
4 g KH = 658 kcal (2754 kJ)

So bekommen Sie geschroteten Pfeffer: die Pfefferkörner im Mörser mit dem Stößel zerdrücken.

Pfefferkoteletts

Für 2 Portionen:
1 Zitrone (unbehandelt)
20 g Ingwer (fein gerieben)
1 Knoblauchzehe (gepreßt)
2 Schweinekoteletts (à 200 g)
Salz, 20 g Mehl, 1 Ei
30 g Semmelbrösel
1 El geschroteter Pfeffer
20 g Butterschmalz
10 g Butter

1. Zitrone dünn abreiben und auspressen. Mit Ingwer und Knoblauch mischen. Koteletts mit der Flüssigkeit übergießen, ca. 2 Std. marinieren.

2. Koteletts salzen und in Mehl wenden. Ei verschlagen, die Brösel mit dem Pfeffer mischen. Koteletts durch das Ei ziehen, dann von beiden Seiten in die Brösel drücken.

3. Schmalz erhitzen. Die Koteletts von beiden Seiten 8 Minuten braten. Dann auf Teller geben. Butter in der Pfanne aufschäumen lassen und darübergießen. Dazu paßt Rosenkohl, mit gehackten Maronen und Parmesan bestreut.

Zubereitungszeit: 30 Minuten
(plus Marinierzeit)
Pro Portion 37 g E, 27 g F,
10 g KH = 439 kcal (1836 kJ)

Kartoffeln

Auch wenn's schnell gehen soll, nur für Salzkartoffeln ist die nahrhafte Knolle viel zu schade. Probieren Sie diese Rezepte aus – traditionelle und ganz neue.

Kartoffelpfanne

Für 2 Portionen:
150 g Mett
1 Eigelb
1 Tl Senf (mittelscharf)
1 Tl Magermilchjoghurt
1/2 Knoblauchzehe
Pfeffer (a. d. Mühle)
4 El Butterschmalz
1/2 Aubergine (100 g)
1 kleine Zucchini
1 rote Paprikaschote
300 g kleine Kartoffeln
1/2 Bund Thymian
80 g milder Gorgonzola

1. Mett mit Ei, Senf, Joghurt und durchgepreßtem Knoblauch vermengen, mit Pfeffer würzen. Daraus 15 Klößchen formen. 1 El Schmalz erhitzen und die Klößchen darin 8 Minuten braten. Herausnehmen, auf Küchenpapier abtropfen lassen.

2. Aubergine erst in Scheiben, dann in Würfel schneiden, Zucchini längs halbieren und in Dreiecke schneiden. Beides auf Küchenpapier ausbreiten und salzen. Paprika putzen, entkernen und grob würfeln. Kartoffeln unter fließendem Wasser abbürsten und längs halbieren. Thymian von den Zweigen zupfen.

3. 2 El Schmalz in einer ofenfesten Pfanne erhitzen. Kartoffeln 12 Minuten darin braten, salzen und pfeffern. Mit einer Schaumkelle herausnehmen.

4. Restliches Schmalz in die Pfanne geben. Nacheinander Zucchini-, Auberginen- und Paprikastücke darin scharf anbraten. Mit Pfeffer würzen. Kartoffeln, Mettklößchen und Thymian unter das Gemüse mischen. Den Gorgonzola entrinden und in Flöckchen darüber streuen.

5. Die Pfanne im heißen Ofen bei 220 Grad (Gas 3–4, Umluft 200 Grad) auf der 2. Einschubleiste von unten 7–10 Minuten überbacken.

Zubereitungszeit: 45 Minuten
Pro Portion 25 g E, 71 g F, 26 g KH = 873 kcal (3655 kJ)

Kartoffelpüree mit Artischocke

Für 2 Portionen:
1 große Artischocke (400 g)
180 ml Weißwein (trocken)
Salz
400 g Kartoffeln (mehligkochend)
2 Knoblauchzehen
2 kleine Tomaten (100 g)
6 hauchdünne Kalbsschnitzel (à 40 g)
ca. 18 Salbeiblätter
Pfeffer (a. d. Mühle)
3 El Olivenöl
125 ml Schlagsahne, 3 El Öl

1. Den Artischockenstiel ausbrechen, die Blätter rundum mit einem scharfen Messer abschneiden. Die dunkelgrünen Stellen des Artischockenbodens wegschneiden. Den Boden sofort in einen Topf geben, mit dem Weißwein begießen, salzen und 15 Minuten zugedeckt bei milder Hitze garen.

2. Den Artischockenboden etwas auskühlen lassen, das Heu mit einem Teelöffel herausschaben und den Boden klein würfeln.

3. Inzwischen die Kartoffeln schälen, waschen und in Salzwasser gar kochen.

4. Den Knoblauch pellen und durchpressen. Die Tomaten in 6 Scheiben schneiden. Die Kalbsschnitzel mit dem Knoblauch bestreichen und auf jedes 1 Tomatenscheibe und 1 Salbeiblatt legen. Die Schnitzel salzen und pfeffern, zusammenklappen und jeweils mit einem Holzstäbchen zusammenstecken.

5. Die Kartoffeln abgießen, abtropfen lassen und durch die Kartoffelpresse wieder in den Topf drücken. Artischocken, Olivenöl und Sahne mit einem Holzlöffel unterrühren. Das Püree mit Salz und Pfeffer würzen und bei milder Hitze unter Rühren erwärmen.

6. Inzwischen 2 El Öl erhitzen und die Kalbsröllchen darin knusprig braten. Die restlichen Salbeiblätter im restlichen heißen Öl kurz kräftig braten.

7. Das Püree auf vorgewärmte Teller verteilen, die Kalbsröllchen dazulegen und mit den Salbeiblättern belegen.

Zubereitungszeit: 1 Stunde, 15 Minuten
Pro Portion 33 g E, 49 g F,
40 g KH = 755 kcal (3158 kJ)

Würzige Füllung für das Fleisch

Mit dieser schlichten Füllung schmecken die Kalbsröllchen besonders würzig: etwas durchgepreßten Knoblauch auf die Fleischscheiben streichen, 1 Tomatenscheibe und 1 Salbeiblatt auf das untere Ende legen. Das Fleisch von dieser Seite her aufrollen und zusammenstecken.

Apfel-Kartoffel-Salat mit Scholle

Für 2 Portionen:
500 g Kartoffeln (festkochend)
Salz
100 g kleine Gewürzgurken (a. d. Glas)
1 säuerlicher Apfel
2 kleine Zwiebeln (80 g)
3 El Öl
60 ml Weißweinessig
200 ml Gemüsefond (a. d. Glas)
Pfeffer (a. d. Mühle)
Zucker
1/2 Bund glatte Petersilie
80 g durchwachsener Speck
2 kleine Schollen (à 250 g, küchenfertig)

1. Die Kartoffeln mit der Schale in Salzwasser gar kochen. Inzwischen die Gewürzgurken abtropfen lassen und fein hacken. Den Apfel schälen, vierteln und entkernen. Apfelviertel nochmals längs halbieren und in 2–3 mm dünne Scheiben schneiden. Apfel und Gurken mischen.

2. Zwiebeln pellen und fein würfeln. 1 El Öl erhitzen, Zwiebeln darin bei mittlerer Hitze glasig dünsten. Mit dem Essig ablöschen, einmal aufkochen lassen und den Gemüsefond dazugeben. Mit Salz, Pfeffer, 1 Prise Zucker würzen und warm stellen.

3. Die Kartoffeln abgießen, abschrecken, pellen, in dünne Scheiben schneiden und in eine Schüssel geben. Mit dem heißen Essigsud übergießen und das Gurken-Apfel-Gemisch unterheben. Mindestens 1–2 Stunden ziehen lassen. Die Petersilie fein hacken und unter den Salat heben.

4. Den Speck in grobe Würfel schneiden, bei mittlerer Hitze knusprig ausbraten und warm stellen. Die Schollen salzen und pfeffern. Das restliche Öl erhitzen und die Schollen darin von beiden Seiten bei mittlerer Hitze 4–5 Minuten braten. Mit dem Salat auf Tellern anrichten und mit den heißen Speckwürfeln übergießen.

Zubereitungszeit: 45 Minuten (plus Zeit zum Durchziehen)
Pro Portion 33 g E, 39 g F, 46 g KH = 700 kcal (2928 kJ)

Kartoffelspieße mit Bohnensalat

Für 2 Portionen:
12 Kartoffeln
(ca. 500 g, festkochend)
Salz
250 g Schneidebohnen
1 kleine rote Zwiebel
1/2 Bund Bohnenkraut
150 g saure Sahne
1–2 El Weißweinessig
weißer Pfeffer (a. d. Mühle)
6 schmale Scheiben durchwachsener Speck (ca. 125 g)
2 El Öl
1/2 Bund Schnittlauch

1. Die Kartoffeln mit der Schale in Salzwasser bißfest kochen. Abgießen, abkühlen lassen und pellen.

2. Die Schneidebohnen putzen und in feine Streifen schneiden. Die Bohnen 6–8 Minuten in Salzwasser blanchieren, abgießen, abschrekken und in einem Sieb gut abtropfen lassen.

3. Die Zwiebel pellen und würfeln. 2/3 vom Bohnenkraut fein hacken. Saure Sahne mit Essig, Salz und Pfeffer verrühren. Bohnen, Zwiebeln und das gehackte Bohnenkraut kurz vor dem Servieren untermischen.

4. Jede Kartoffel mit 2–3 Blättern Bohnenkraut und mit 1/2 Speckscheibe umwickeln. Jeweils 3 Kartoffeln auf einen Holzspieß stecken.

5. Das Öl in einer Pfanne heiß werden lassen und die Kartoffeln bei mittlerer Hitze rundherum knusprig braten. Den Schnittlauch in feine Röllchen schneiden.

6. Zum Servieren den Bohnensalat auf Tellern anrichten, die Kartoffelspieße dazulegen und mit dem Schnittlauch bestreuen.

Zubereitungszeit: 1 Stunde, 30 Minuten
Pro Portion 17 g E, 66 g F,
42 g KH = 864 kcal (3618 kJ)

Wickeln und schnippeln

Eine halbe Scheibe durchwachsenen Speck auf die Arbeitsfläche legen, 2–3 Blättchen Bohnenkraut darauf verteilen, um die gekochte Kartoffel wickeln und auf den Holzspieß stecken.

Schneidebohnen haben derberes Fleisch als grüne Bohnen. Man schneidet sie daher schräg in dünne Scheiben. Dazu halten Sie die Bohne hochkant zwischen Daumen und Zeigefinger.

Buwespitzle mit gedünstetem Spitzkohl

Für 2 Portionen:
180 g Kartoffeln
(mehligkochend)
Salz
1 Eigelb
1 Tl Speisestärke
30 g Mehl und Mehl zum Bearbeiten
weißer Pfeffer (a. d. Mühle)
Muskatnuß (frisch gerieben)
750 g Spitzkohl
50 g Schalotten
50 g durchwachsener Speck
(in Scheiben)
50 g Butter

1 El Öl
1 Tl Kümmelkörner
1/2 Bund Schnittlauch (in feine Röllchen geschnitten)

1. Die Kartoffeln mit der Schale in Salzwasser gar kochen. Abgießen, etwas abkühlen lassen, pellen und noch warm durch die Kartoffelpresse drücken. Eigelb, Speisestärke und Mehl dazugeben, alles zu einer glatten Teigkugel verkneten, dabei mit Salz, Pfeffer und Muskat würzen.

2. Den Teig auf der bemehlten Arbeitsfläche zu einer 20 cm langen Rolle formen, dann in 14 gleich große Stücke schneiden. Die Scheiben erst zu Kugeln, dann zu Würstchen mit spitz zulaufenden Enden rollen.

3. Buwespitzle in kochendes Salzwasser gleiten lassen. Den Topf kurz darauf vom Herd ziehen. Sobald sie aufsteigen, die Buwespitzle noch 2 Minuten ziehen lassen, dann sofort in Salzwasser abschrecken. In einem Sieb abtropfen lassen.

4. Vom Spitzkohl die dunkelgrünen Blätter entfernen. Den Kohl entblättern, die dicken Blattrippen herausschneiden, die Blätter in 2 cm große Stükke schneiden. Die Schalotten pellen und fein würfeln. Den Speck fein würfeln.

5. Den Speck in 25 g Butter in einem breiten Topf auslassen, die Schalotten darin andünsten. Den Spitzkohl untermischen, salzen, pfeffern und im geschlossenen Topf 8–10 Minuten dünsten.

6. Inzwischen die restliche Butter mit dem Öl erhitzen und die Buwespitzle darin mit dem Kümmel von allen Seiten goldbraun braten.

7. Zum Servieren den Spitzkohl auf Tellern anrichten, die Buwespitzle dazulegen und mit der Bratbutter beträufeln. Mit Schnittlauch bestreuen.

Zubereitungszeit: 1 Stunde, 30 Minuten
Pro Portion 14 g E, 48 g F,
33 g KH = 622 kcal (2598 kJ)

Kartoffelpresse

Für die Buwespitzle, aber vor allem für selbstgemachtes Püree brauchen Sie eine Kartoffelpresse. Wenn Sie die Kartoffeln im Mixer oder mit dem Handrührer zerkleinern, werden sie zäh und klebrig.

Bauernfrühstück

Für 2 Portionen:
500 g Kartoffeln (festkochend)
Salz
3 El Öl
2 Zwiebeln
150 g Würfelschinken
Pfeffer (a. d. Mühle)
6 Eier
1 Bund Schnittlauch
2 Gewürzgurken (a. d. Glas)

1. Die Kartoffeln schälen, waschen, in Scheiben schneiden und 10 Minuten in Salzwasser kochen.

2. Das Öl in einer Pfanne erhitzen. Zwiebeln pellen, halbieren, in halbe Ringe schneiden und in dem Fett bei mäßiger Hitze anbraten. Den Würfelschinken dazugeben.

3. Die Kartoffeln abgießen, in einem Sieb abtropfen lassen und zu den Zwiebeln in die Pfanne geben. Mit Salz und Pfeffer würzen.

4. Die Eier verquirlen, salzen und pfeffern. Schnittlauch in Röllchen schneiden und zu den Eiern geben. Die Gurken abtropfen lassen und in Scheiben schneiden.

5. Die Eiermischung zu den Kartoffeln gießen und bei mäßiger Hitze langsam stocken lassen. Die Gurkenscheiben darauf verteilen.

Zubereitungszeit: 30 Minuten
Pro Portion 38 g E, 57 g F, 37 g KH = 856 kcal (3581 kJ)

Drei wichtige Schritte

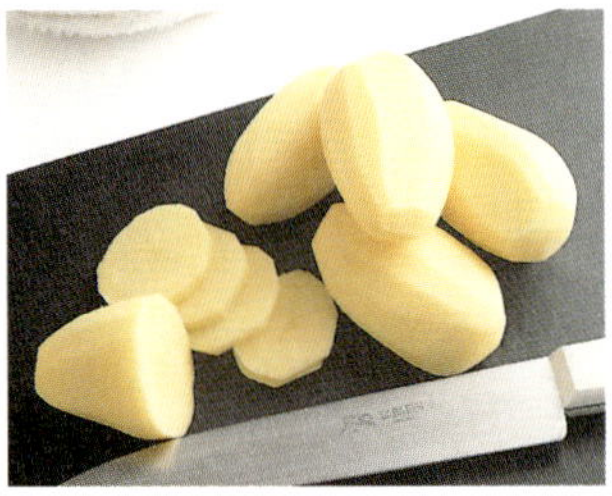

Schneiden Sie die Kartoffeln in etwa 1/2 cm breite Scheiben. Dann sind sie noch fest genug und zerfallen nicht beim Braten in der Pfanne.

Die Zwiebeln sollten glasig, auf keinen Fall braun sein, wenn Sie den Schinken dazugeben. Den Schinken können Sie oft schon gewürfelt kaufen.

Die Eier über die Kartoffeln gießen und bei mäßiger Hitze stokken lassen. Nur so werden die Eier unten knusprig und bleiben oben schön saftig.

Roh gebratene Kartoffeln mit Senfsauce

Für 2 Portionen:
2 Zwiebeln (ca. 100 g)
500 g mittelgroße Kartoffeln (festkochend)
40 g Butterschmalz
Salz
1/8 l Schlagsahne
50 g Senf (mittelscharf)
Zucker
20 g kleine Kapern

1. Die Zwiebeln pellen und in dünne Ringe schneiden. Die Kartoffeln schälen, waschen und ebenfalls in dünne Scheiben schneiden.

2. Das Butterschmalz in einer großen Pfanne erhitzen. Die Kartoffelscheiben in die Pfanne geben und die Zwiebelringe darauf verteilen. Die Pfanne mit einem Deckel verschließen und die Kartoffeln 10–12 Minuten sanft braten. Den Deckel abnehmen, die Kartoffeln salzen, durchschwenken und bei etwas stärkerer Hitze 7–10 Minuten weiterbraten, bis sie goldbraun sind. Zwischendurch vorsichtig wenden oder schwenken.

3. Für die Senfsauce die Schlagsahne etwa 4–5 Minuten einkochen. Senf und 1 Prise Zucker mit dem Schneebesen einrühren und die Mischung noch einmal kurz aufkochen lassen. Die Kapern abspülen, abtropfen lassen und unter die Sauce heben. Die Kartoffeln mit der Senfsauce übergießen. Dazu paßt gebratenes Fischfilet.

Zubereitungszeit: 1 Stunde
Pro Portion 8 g E, 42 g F, 38 g KH = 566 kcal (2373 kJ)

Ganz dünn

Für die roh gebratenen Kartoffeln und für Gratins müssen Sie die Scheiben ganz dünn schneiden. Bei kleinen Mengen das Küchengerät dafür: die Vierkantreibe.

Kartoffeln

Gebackene Salbei-Kartoffeln

Für 2 Portionen als Hauptgericht (oder 4 Portionen als Vorspeise):
4 große Kartoffeln (festkochend, à ca. 150 g)
1 Zwiebel (50 g)
12 Salbeiblätter und 4 kleine Zweige zum Garnieren
50 g Tiroler Speck
weißer Pfeffer (a. d. Mühle)
Kümmel (gemahlen)
5 El Crème fraîche (ca. 100 g)
Butter zum Bestreichen

1. Die Kartoffeln gründlich waschen und mit der Schale auf einen Rost setzen. Im vorgeheizten Backofen bei 200 Grad (Gas 3, Umluft 180 Grad) auf der 2. Einschubleiste von unten 45 Minuten backen.

2. Inzwischen die Zwiebel pellen und würfeln. Die Salbeiblätter fein hacken. Den Speck in Würfel schneiden und in einer Pfanne knusprig auslassen. Die Zwiebelwürfel im Bratfett glasig dünsten, dann den Salbei unterrühren. Mit Pfeffer und Kümmel abschmecken.

3. Von den gebackenen Kartoffeln den Deckel abschneiden. Die Kartoffeln mit einem Löffel aushöhlen, so daß nur noch ein dünner Rand stehen bleibt. Das Innere mit einer Gabel grob zerdrücken, mit der Speckmasse vermengen und mit 1 El Crème fraîche verrühren.

4. Die Speckmasse in die Kartoffeln füllen. Die kleinen Salbeizweige mit Butter bestreichen und auf die Kartoffeln legen. Auf jede Kartoffel 1 El Crème fraîche geben. Die Kartoffeln nochmals bei 200 Grad (Gas 3, Umluft 180 Grad) für 10 Minuten in den Backofen geben. Sofort servieren.

Zubereitungszeit: 1 Stunde, 30 Minuten
Pro Portion (bei 2 Portionen)
9 g E, 34 g F, 40 g KH = 509 kcal (2135 kJ)

Zerdrückte Kartoffeln mit Garnelen

Für 2 Portionen:
10 Riesengarnelen (ohne Kopf, mit Schale, à ca. 40 g)
500 g Kartoffeln (festkochend)
grobes Meersalz, 1/2 Limette
9 El Olivenöl (ca. 90 ml)
1 kleine Knolle junger Knoblauch
1 kleiner Zweig Rosmarin
4 Stiele glatte Petersilie
3 El Öl
Pfeffer (a. d. Mühle)

1. Die Riesengarnelen mit der Schale der Länge nach so mit einem Messer spalten, daß

sie am Schwanzende nicht durchgetrennt werden. Den Darm entfernen, Garnelen mit kaltem Wasser abspülen und trockentupfen. Die Kartoffeln schälen und waschen. Knapp mit Wasser bedecken, etwas Meersalz dazugeben und im geschlossenen Topf weich kochen.

2. Inzwischen die Limette heiß abwaschen, trockentupfen und die Schale fein abreiben. Den Saft auspressen. Limettensaft und -schale mit 6 El Olivenöl mischen. Die Knoblauchzehen pellen und kurz vor Ende der Garzeit zu den Kartoffeln geben.

3. Die Rosmarinnadeln vom Zweig streifen und grob hakken. Petersilie grob hacken. Restliches Olivenöl erhitzen, Rosmarinnadeln darin anrösten, die Pfanne vom Herd nehmen und die gehackte Petersilie untermischen.

4. Das Öl in einer Pfanne erhitzen. Die Riesengarnelen salzen und im Öl bei starker Hitze auf jeder Seite 3 Minuten braten. Dann die Garnelen auf vorgewärmten Tellern anrichten.

5. Das Kartoffelwasser abgießen, die Kartoffeln mit den Knoblauchzehen auf den Tellern verteilen. Limettenöl, Kräuter, grob gemahlenen Pfeffer und Meersalz darübergeben, alles mit einer Gabel zerdrücken.

Zubereitungszeit: 1 Stunde 15 Minuten
Pro Portion 29 g E, 59 g F,
40 g KH = 841 kcal (3520 kJ)

Perfekte Form für die Garnelen

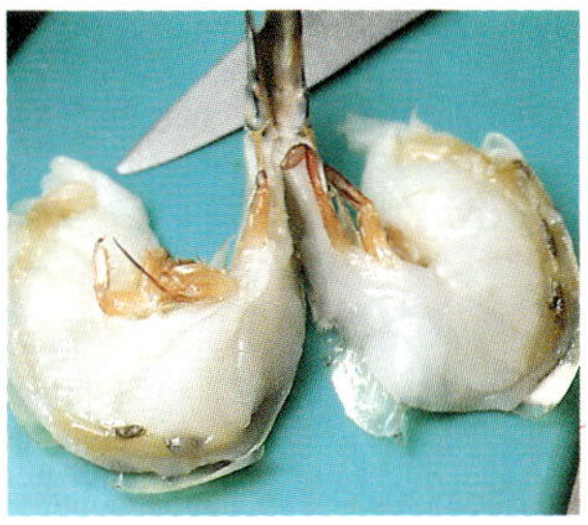

Auf diese Weise müssen Sie die Garnelen vorbereiten, damit sie später appetitlich auf dem Teller liegen: Mit einem scharfen Messer der Länge nach fast durchschneiden, am Schwanzende bleiben sie zusammen.

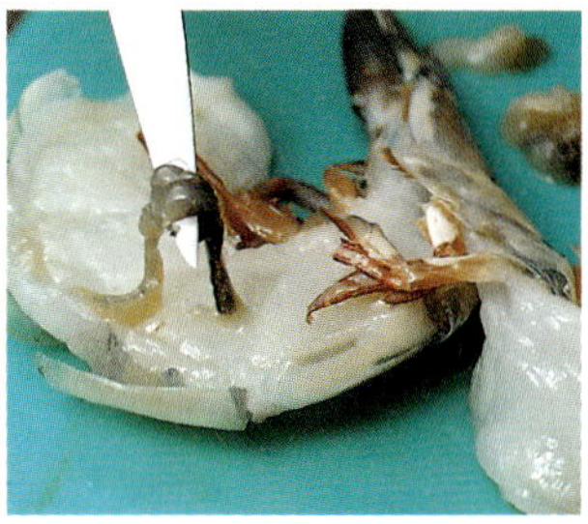

Dann mit der Spitze des Messers den schwarzen Darm am Schwanzende anheben und aus dem Fleisch herauslösen. Die geputzten Garnelen kurz unter kaltem Wasser abspülen und mit Küchenpapier trockentupfen.

Kartoffel-Möhren-Puffer

Für 2 Portionen:
250 g Kartoffeln (festkochend)
2 Möhren (ca. 120 g)
2 kleine Zwiebeln
1 Ei
2 El kernige Haferflocken
Salz
Pfeffer (a. d. Mühle)
Muskatnuß (frisch gerieben)
6 El Öl
1/2 Bund Schnittlauch
1/2 Bund Petersilie
125 g Sahnequark
2 El Schlagsahne
2 kleine Gewürzgurken (a. d. Glas)
60 g Lachsschinken
1 Tl körniger Senf

1. Kartoffeln schälen und waschen. Möhren putzen und schälen. Beides mit der Haushaltsreibe fein raspeln. 1 Zwiebel pellen und fein würfeln, mit dem Ei und den Haferflocken unter die Kartoffel-Möhren-Mischung rühren. Mit Salz, Pfeffer und Muskat abschmecken.

2. Nacheinander 3 El Öl in einer Pfanne erhitzen und darin portionsweise 6 Puffer von jeder Seite 3–4 Minuten braten.

3. Inzwischen den Schnittlauch in Röllchen schneiden und die Petersilie hacken. Den Quark mit der Sahne glattrühren. Die restliche Zwiebel pellen und fein würfeln. Die Gurken abtropfen lassen. Den Lachsschinken und die Gurken in Würfel schneiden und mit den Kräutern, der Zwiebel und dem Senf unter den Quark rühren. Salzen und pfeffern.

Zubereitungszeit: 45 Minuten
Pro Portion 20 g E, 40 g F, 30 g KH = 563 kcal (2357 kJ)

Die richtige Kartoffelsorte

Es spielt schon eine Rolle, welche Kartoffelsorte Sie für ein Gericht verwenden: Festkochende Kartoffeln nehmen Sie für Pellkartoffeln, Salat und Bratkartoffeln, mehligkochende sind ideal für Püree und Klöße. Vorwiegend festkochende sind ein guter Kompromiß – sie eignen sich für alle Kartoffelgerichte.

Überbackene Kräuterkartoffeln

Für 2 Portionen:
300 g kleine Kartoffeln (festkochend)
Salz
60 g Mozzarella
1/2 Bund Schnittlauch
1/2 Bund Dill
1/2 Beet Kresse
10 g Butter
1 kleine Knoblauchzehe
schwarzer Pfeffer (a. d. Mühle)
50 ml Schlagsahne

1. Die Kartoffeln mit der Schale in Salzwasser gar kochen, abschrecken, pellen und halbieren.

2. Inzwischen den Mozzarella in Scheiben und den Schnittlauch in feine Röllchen schneiden. Den Dill abzupfen und grob hacken. Die Kresse vom Beet schneiden, die Hälfte beiseite stellen.

3. Die Butter in einer Pfanne schmelzen. Den Knoblauch pellen und ins Fett pressen. Kartoffeln dazugeben, kräftig salzen, pfeffern und in der Butter wenden. Die Kräuter untermischen. Die Kartoffeln in eine ofenfeste Form geben.

4. Die Schlagsahne in der Pfanne einmal aufkochen und in die Form gießen. Die Mozzarellascheiben über und zwischen den Kartoffeln verteilen.

5. Die Kartoffeln im vorgeheizten Backofen bei stärkster Hitze (oder unter dem nicht vorgeheizten Grill) auf der 2. Einschubleiste von oben 8–10 Minuten überbacken. Mit der restlichen Kresse bestreut servieren.

Dazu paßt Katenschinken.

Zubereitungszeit: 1 Stunde
Pro Portion 10 g E, 17 g F, 20 g KH = 279 kcal (1171 kJ)

Brunnenkresse

Im Frühjahr und Herbst gibt es die großblättrige würzige Brunnenkresse. Würzen Sie dann damit die Kartoffeln!

Kartoffeln: 4 x ganz schnell und einfach

Rezepte für Kartoffelsalat gibt es viele. Wichtig für alle: nur festkochende Kartoffeln verwenden.

Warmer Kartoffelsalat

Für 2 Portionen:
500 g neue Kartoffeln (festkochend), Salz
1 rote Zwiebel
80 g durchwachsener Speck
2 El Weißweinessig, 4 El Öl
1 kleine Knoblauchzehe
Pfeffer (a. d. Mühle)
2 El Schnittlauch in Röllchen

1. Kartoffeln mit der Schale in Salzwasser gar kochen, abgießen, noch warm pellen und in dünne Scheiben schneiden. Zwiebel in Ringe, Speck in feine Streifen schneiden.

2. Essig, Öl, 1 El warmes Wasser und durchgepreßten Knoblauch verrühren. Salzen und pfeffern. Sauce mit den warmen Kartoffeln und Zwiebelringen mischen, durchziehen lassen.

3. Speckstreifen knusprig auslassen und über dem Salat verteilen. Salzen und pfeffern. Mit dem Schnittlauch bestreuen.

Zubereitungszeit: 45 Minuten
Pro Portion 7 g E, 51 g F,
32 g KH = 611 kcal (2558 kJ)

Zu dem milden Püree passen als herzhafte Beilage auch Kasseler oder Rostbratwürstchen.

Kartoffel-Zucchini-Püree

Für 2 Portionen:
400 g Kartoffeln (mehligkochend), Salz
250 g Zucchini
1 Zwiebel
1 El Öl
60 ml Schlagsahne
1/2 Bund Petersilie (gehackt)
Pfeffer (a. d. Mühle)
Muskatnuß (frisch gerieben)

1. Kartoffeln mit der Schale in Salzwasser gar kochen, abgießen, pellen und durch die Kartoffelpresse drücken. Zucchini grob raspeln, Zwiebel pellen und fein würfeln.

2. Öl erhitzen, Zwiebel und Zucchini darin 3 Minuten andünsten, mit der Schlagsahne auffüllen, einmal aufkochen. Zucchinigemüse mit den Kartoffeln und der Petersilie vermengen, mit Salz, Pfeffer und Muskat herzhaft abschmekken. Dazu passen Spiegeleier und knusprig ausgebratener Speck.

Zubereitungszeit: 30 Minuten
Pro Portion 6 g E, 15 g F,
28 g KH = 272 kcal (1142 kJ)

Die Blutwurstscheiben in etwas Mehl wenden und von beiden Seiten in wenig Öl braten.

Schneekartoffeln mit Blutwurst

Für 2 Portionen:
350 g Kartoffeln (mehligkochend)
2 Zwiebeln (100 g)
60 g durchwachsener Speck
1 säuerlicher Apfel
1 Tl Weißweinessig
20 g Butter
1/2 Bund Majoran (gehackt)
Salz, Pfeffer (a. d. Mühle)
Muskatnuß (frisch gerieben)

1. Kartoffeln schälen und gar kochen. Zwiebeln in Ringe schneiden. Speck würfeln. Apfel schälen, vierteln, in Scheiben schneiden.

2. Speck auslassen, Zwiebeln darin 5 Minuten rösten. Äpfel dazugeben, 2 Minuten schmoren. Essig und Butter einrühren, Majoran unterheben, salzen, pfeffern.

3. Kartoffeln abgießen, mit Salz, Pfeffer und Muskat würzen. Auf die Teller pressen. Mit Zwiebeln servieren. Dazu paßt Blutwurst.

Zubereitungszeit: 45 Minuten
Pro Portion 5 g E, 32 g F,
36 g KH = 454 kcal (1899 kJ)

Zu den Reibekuchen (oder Kartoffelpuffern) paßt auch Herzhaftes: zum Beispiel Sauerkraut!

Reibekuchen mit Apfelkompott

Für 2 Portionen (8 Stück):
600 g Kartoffeln (festkochend)
Salz
1/8 l Buttermilch
4 El Öl

1. 200 g Kartoffeln mit der Schale in Salzwasser gar kochen, abgießen, pellen und fein reiben.

2. 400 g rohe Kartoffeln schälen, ebenfalls fein reiben und in einem Mulltuch kräftig ausdrücken.

3. Die gekochten und rohen Kartoffeln mischen, die Buttermilch unterrühren und die Masse leicht salzen.

4. Nacheinander 2 El Öl erhitzen, darin portionsweise 4 kleine Reibekuchen von jeder Seite 3–4 Minuten goldbraun backen. Auf Küchenpapier etwas abtropfen lassen. Mit Apfelkompott servieren.

Zubreitungszeit: 45 Minuten
Pro Portion 7 g E, 21g F,
38 g KH = 370 kcal (1549 kJ)

Fisch & Co

Fische im ganzen oder als Filet, Miesmuscheln und Garnelen – mit dem saftigen, leicht verdaulichen Fleisch kochen Sie gesund und abwechslungreich.

Butter: eiskalt

Damit die Sauce Bindung bekommt, muß die Butter eiskalt sein. Zum Unterrühren einen Schnee- oder Saucenbesen verwenden.

Seezunge mit Zitronen-Kapern-Butter

Für 2 Portionen:
10 g Kapern
1/2 Zitrone (längs halbiert)
2 Seezungen (küchenfertig)
Salz
Pfeffer (a. d. Mühle)
Mehl zum Bearbeiten
4 El Öl
100 g Butter (davon 70 g eiskalt in kleinen Würfeln)
1/2 Bund Dill
100 g Schalotten
50 ml Weißwein (trocken)

1. Die Kapern 15 Minuten in kaltes Wasser legen, dann abtropfen lassen. Zitronenhälfte schälen, die Filets aus den Trennhäuten schneiden und in kleine Würfel schneiden.

2. Die Seezungen auf beiden Seiten salzen, pfeffern und in Mehl wenden. Überschüssiges Mehl abklopfen.

3. Jeweils 2 El Öl und 15 g Butter in einer Pfanne erhitzen und die Seezungen darin portionsweise bei starker Hitze unter einmaligem Wenden 6 Minuten goldbraun braten. Seezungen im vorgeheizten Ofen bei 180 Grad (Gas 2–3, Umluft 180 Grad) warm halten.

4. Inzwischen den Dill fein schneiden. Die Schalotten pellen und fein würfeln. Mit dem Weißwein in einen kleinen Topf geben und auf die Menge von 2 El einkochen. Die kalten Butterstückchen unter ständigem Rühren mit dem Schneebesen nach und nach in die leise kochende Flüssigkeit einschlagen, bis die Sauce dicklich ist.

5. Zum Schluß Kapern, Zitronenstücke und Dill untermischen und erwärmen. Mit Salz und Pfeffer würzen. Die Sauce zu den Seezungen servieren. Dazu passen Pellkartoffeln.

Zubereitungszeit: 1 Stunde
Pro Portion 51 g E, 68 g F, 7 g KH = 883 kcal (3695 kJ)

Gebratener Zander auf Gemüsecurry

Für 2 Portionen:
je 1/2 rote und gelbe Paprikaschote
1 kleine Zucchini (80 g)
50 g Schalotten
2 Tomaten (100 g)
4 El Olivenöl
1 Knoblauchzehe (durchgepreßt)
1 gestr. Tl Currypulver (scharf)
Salz
4 Zanderfilets (mit Haut, geschuppt, à 80 g)
1 Zweig Basilikum

1. Die Paprikaschoten halbieren, putzen und mit der Hautseite nach oben auf ein Backblech legen. Auf der obersten Einschubleiste 5–8 Minuten unter dem Grill rösten, bis die Haut schwarz ist. Die Paprikaschoten aus dem Ofen nehmen und 10 Minuten mit einem feuchten Küchentuch abdecken. Dann die Haut abziehen und das Fruchtfleisch fein würfeln.

2. Zucchini und Schalotten putzen, ebenfalls fein würfeln. Tomaten mit kochendem Wasser überbrühen, abschrecken, häuten, vierteln, entkernen und fein würfeln.

3. 2 El Öl erhitzen, Schalotten, Knoblauch und Paprika darin andünsten, den Curry schnell unterrühren, Zucchini dazugeben und 2 Minuten dünsten. Das Gemüse salzen, die Tomaten untermischen und den Topf beiseite stellen.

4. Die Zanderfilets entgräten, die Haut mit einem scharfen Messer nicht zu tief kreuzweise einritzen und salzen. Das restliche Öl in einer beschichteten Pfanne erhitzen und die Zanderfilets darin mit der Hautseite nach unten bei mittlerer Hitze ca. 8 Minuten knusprig braten. Dann vorsichtig wenden, die Pfanne von der Herdplatte nehmen.

5. Das Gemüse kurz wieder erhitzen und auf Teller verteilen. Die Zanderfilets darauflegen und mit dem grob abgezupften Basilikum garnieren.

Zubereitungszeit: 1 Stunde
Pro Portion 34 g E, 27 g F, 8 g KH = 424 kcal (1777 kJ)

Haut einritzen

Nur auf der Hautseite gebraten ist der Zander knusprig und saftig zugleich. Dafür die Haut kreuzweise einritzen.

Lachspfanne mit Sprossen

Für 2 Portionen:
300 g Lachsfilet
2 El Sojasauce
1 El Zitronensaft
1 Tl Speisestärke
1/2 Bund Frühlingszwiebeln
2 Möhren (100 g), 2 El Öl
80 g Mungobohnensprossen
1/2 Knoblauchzehe
50 ml Gemüsebrühe
Pfeffer (a. d. Mühle)
1/2 Tl Honig

1. Vom Lachsfilet die dunklen tranigen Stellen entfernen, dann in ca. 3 cm große Würfel schneiden. Sojasauce, Zitronensaft und Stärke verrühren. Das Fischfilet damit beträufeln und 10 Minuten marinieren.

2. Die Frühlingszwiebeln putzen, die Möhren schälen, beides schräg in dünne Scheiben schneiden.

3. Die Lachswürfel aus der Marinade nehmen und trokkentupfen. Die Marinade aufbewahren. Das Öl in einer Pfanne erhitzen und die Lachsstücke darin bei mäßiger Hitze von allen Seiten anbraten, dann herausnehmen.

4. Alle Gemüse und den durchgepreßten Knoblauch im Bratfett andünsten, mit der Brühe und der Marinade ablöschen. Zugedeckt 5 Minuten dünsten. Nach 4 Minuten die Lachswürfel dazugeben. Mit Salz, Pfeffer und Honig würzen. Dazu paßt Wildreis.

Zubereitungszeit: 30 Minuten
Pro Portion 34 g E, 28 g F,
9 g KH = 452 kcal (1890 kJ)

Feine Würze

Die dunklen Stellen vom Lachs abschneiden, sie schmecken tranig. Dann erst die Fischwürfel marinieren.

Muscheln in Basilikumbutter

Für 2 Portionen:
1 kg Miesmuscheln
2 große Knoblauchzehen
1 Bund Basilikum
1/2 Bund glatte Petersilie
60 g Butter
schwarzer Pfeffer
(grob gestoßen)

1. Die Muscheln in stehendem Wasser mehrfach gründlich waschen. Muschelbärte entfernen. Offene Muscheln aussortieren. In einen entsprechend großen Topf 1 cm hoch Wasser einfüllen und aufkochen.

2. Die Muscheln in den Topf geben und 3 Minuten zugedeckt erhitzen, bis sie sich leicht geöffnet haben. Dabei mehrmals von oben nach unten durchmischen, vom Herd nehmen.

3. Den Knoblauch pellen und in sehr dünne Scheiben schneiden. Vom Basilikum einige Blätter zum Garnieren beiseite legen, den Rest mit den Petersilienblättern fein hacken.

4. Die Butter in Stückchen schneiden und in einer großen Deckelpfanne zerlassen. Den Knoblauch darin 2 Minuten dünsten, dann den grob gestoßenen Pfeffer und die Kräuter unterrühren.

5. Die Muscheln (nur die geöffneten) und ca. 60 ml Kochsud dazugeben und zugedeckt 5 Minuten garen. Dabei mehrmals wenden, damit sich Kräuter und Knoblauch zwischen den Muscheln verteilen. Mit Baguette servieren.

Zubereitungszeit: 30 Minuten
Pro Portion 10 g E, 27 g F, 2 g KH = 300 kcal (1255 kJ)

Zugreifen

Die bequemste Art, Muscheln zu essen: Eine leere Schale als Zange benutzen und das Fleisch aus der Schale lösen.

Rotbarschfilet mit Schalotten und Tomaten

Für 2 Portionen:
175 g kleine Schalotten
500 g Fleischtomaten
2 El Öl
Salz
1 Tl Zucker
Tabasco
300 g Rotbarschfilet
1 El Zitronensaft
Pfeffer (a. d. Mühle)
15 g Butter
Fett für die Form
2 Scheiben junger Gouda (100 g)
1/2 Bund Dill

1. Die Schalotten pellen. Die Tomaten kreuzweise einritzen, die Stielansätze herausschneiden. Tomaten mit kochendem Wasser überbrühen. Abschrecken und pellen, dann würfeln.

2. Das Öl in einer Pfanne erhitzen und die Schalotten darin bei milder Hitze 10 Minuten glasig dünsten. Die Tomaten dazugeben und schmoren, bis die Flüssigkeit verdampft ist. Mit Salz, Zucker und Tabasco würzen.

3. Das Fischfilet kurz abspülen, trockentupfen und mit Zitronensaft, Salz und Pfeffer würzen. Die Butter in einer Pfanne erhitzen und das Fischfilet darin 2 Minuten von jeder Seite anbraten.

4. Das Schalotten-Tomaten-Gemüse in eine gefettete Auflaufform geben, den Fisch darauflegen. Mit den Käsescheiben belegen. Im vorgeheizten Backofen bei 225 Grad (Gas 4, Umluft 200 Grad) auf der 2. Einschubleiste von unten 15 Minuten goldbraun überbacken. Den Dill hacken und kurz vor dem Servieren darüberstreuen.

Zubereitungszeit: 1 Stunde
Pro Portion 37 g E, 28 g F, 23 g KH = 509 kcal (2128 kJ)

Matjes mit jungen Gemüsen

Für 2 Portionen:
4–6 Matjesfilets
1/4 Salatgurke
2 junge Möhren (ca. 100 g)
3 Frühlingszwiebeln
100 g Staudensellerie (von den inneren Stangen mit Grün)
1/2 Zitrone (unbehandelt)
1 säuerlicher Apfel
100 g Crème fraîche
100 g Schmand
100 ml Schlagsahne, Salz
weißer Pfeffer (a. d. Mühle)
2 El Dill (gehackt)
2 El Schnittlauch (in feine Röllchen geschnitten)

1. Die Matjes kurz kalt abspülen, trockentupfen. Die restlichen Gräten mit einer Pinzette herausziehen. Dann kühl stellen.

2. Die Gurke waschen, längs halbieren und entkernen. Die Möhren waschen und schälen. Die Zwiebeln waschen und putzen. Alles in hauchdünne Scheiben schneiden.

3. Sellerie waschen, auf der gewölbten Rückseite schälen und die Fäden abziehen, das Grün beiseite legen. Die Selleriestangen in dünne Scheiben schneiden. Die Zitrone heiß waschen, abtupfen, die Schale fein abreiben und den Saft auspressen.

4. Den Apfel waschen, vierteln und das Kerngehäuse entfernen. Die Apfelviertel in dünne Scheiben schneiden und sofort mit dem Zitronensaft beträufeln. Alle vorbereiteten Zutaten mischen.

5. Crème fraîche mit Schmand und Schlagsahne glattrühren, mit Salz und Pfeffer kräftig würzen. Je 2/3 der vorbereiteten Gemüse und Kräuter unter die Sahnesauce mischen.

6. Die Matjesfilets auf der Sauce anrichten. Restliche Gemüse und Kräuter darauf verteilen und mit Selleriegrün garniert servieren. Dazu passen Pellkartoffeln mit knusprig ausgelassenen Speckstreifen.

Zubereitungszeit: 30 Minuten
Pro Portion 32 g E, 77 g F, 19 g KH = 933 kcal (3906 kJ)

Fisch, Obst, Gemüse

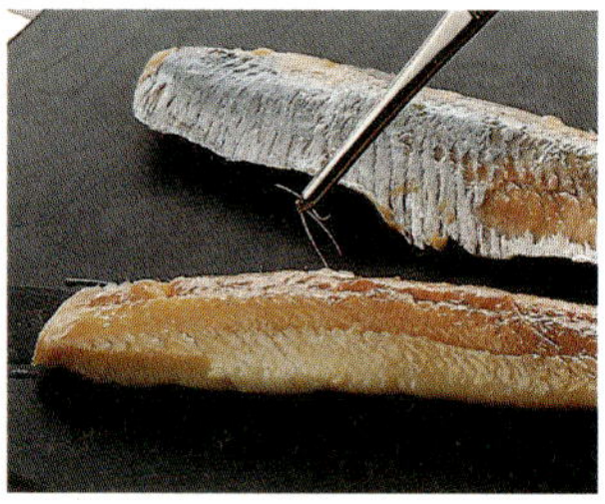

Auch in sauber geputzten Matjesfilets sind manchmal noch Gräten versteckt. Sie lassen sich leicht mit einer Pinzette herausziehen.

Zu den Matjes paßt am besten eine säuerliche Apfelsorte, z. B. Boskop. Die Apfelscheiben sofort mit Zitronensaft beträufeln, damit sie nicht braun werden.

Staudensellerie hat auf der gewölbten Rückseite oft zähe Fäden. Schneiden Sie das Grün ab und ziehen Sie die Fäden mit einem Messer von oben nach unten ab.

Riesengarnelen mit Knoblauch und Chillies

Für 2 Portionen:
6 Knoblauchzehen
6 rohe Riesengarnelen (ohne Kopf, in der Schale, à 100 g)
8 El Olivenöl
6 kleine Chilischoten, Salz
4 Stiele glatte Petersilie (grob gehackt)
1/2 Zitrone (in Spalten)

1. Die Knoblauchzehen pellen und der Länge nach vierteln. Die Riesengarnelen ungeschält entdarmen. Dazu den ersten Ring des Panzers lösen, das Fleisch auf dem Rükken der Garnele einschneiden und den schwarzen Faden (Darm) herausziehen.

2. In 2 ofenfeste Tonschalen jeweils 4 El Olivenöl, die Hälfte der Knoblauchspalten und 3 Chilischoten füllen. Leicht salzen. Die Tonschalen im vorgeheizten Ofen bei 200 Grad 10–15 Minuten erhitzen, bis das Öl siedet. Jeweils 3 Riesengarnelen darin 6–8 Minuten garen (Gas 3, Umluft nicht empfehlenswert).

3. Die Tonschalen herausnehmen. Die Garnelen wenden, mit Petersilie bestreuen und mit Zitronenspalten sofort servieren. Dazu paßt knuspriges Baguette.

Achtung: Chilischoten nicht mitessen! Sie sollen nur ihre Schärfe abgeben.

Tip: Sie können auch alle Garnelen zusammen in einer größeren ofenfesten Auflaufform zubereiten.

Zubereitungszeit: 30 Minuten
Pro Portion 31 g E, 43 g F, 7 g KH = 537 kcal (2246 kJ)

Möhrencurry mit Eiern und Erdnußsauce

Für 2 Portionen:
250 g mittelgroße Kartoffeln (festkochend)
350 g junge Möhren
1 Bund Frühlingszwiebeln
3 Eier, 2 El Öl
1 El Sesamöl
1–2 El Currypulver (mittelscharf)
200 ml Gemüsefond (a. d. Glas), Salz
50 g ungesüßte Erdnußcreme
1 Tl Sojasauce
einige Tropfen Tabasco
Koriandergrün zum Garnieren

1. Die Kartoffeln schälen, waschen und in ca. 4 cm lange Stäbchen schneiden. Die Möhren schälen und schräg in Scheiben schneiden. Frühlingszwiebeln putzen, waschen, das Weiße und Hellgrüne in 5 cm lange Stücke schneiden. Dickere Frühlingszwiebeln längs halbieren. Die Eier 7 Minuten wachsweich kochen, abschrecken und pellen.

2. Öl und Sesamöl in einem breiten Topf erhitzen, Curry darin kurz anschwitzen. Erst die Möhren und die Kartoffeln, dann den Gemüsefond dazugeben. Salzen und 8 Minuten zugedeckt garen. Die Frühlingszwiebeln dazugeben und untermischen. Das Gemüse weitere 6 Minuten offen garen.

3. Die Erdnußcreme mit 60 ml heißem Wasser, der Sojasauce und dem Tabasco verrühren. Das Möhrencurry mit den halbierten Eiern auf vorgewärmten Tellern anrichten und mit der Erdnußsauce begießen. Mit Korianderblättchen bestreut servieren.

Zubereitungszeit: 45 Minuten
Pro Portion 23 g E, 38 g F, 32 g KH = 562 kcal (2354 kJ)

Schräg

Wenn Sie die Möhren schräg in Scheiben schneiden, wird die Schnittfläche größer, und die Gemüsescheiben sind schneller gar.

Aïoli (Knoblauchmayonnaise)

Für 2–3 Portionen:
4 mittelgroße Knoblauchzehen
2 Eigelb, 1/2 Tl Salz
100 ml Olivenöl
100 ml neutrales Speiseöl
1–2 Tl Zitronensaft

1. Die Knoblauchzehen pellen und in eine Schüssel pressen. Eigelb und Salz dazuge-

ben. Olivenöl und neutrales Öl mischen. Eigelb und Knoblauch mit den Quirlen des Handrührers durchrühren. Das Öl erst tropfenweise, dann in einem dünnen Strahl unter ständigem Rühren dazugeben, bis eine dickliche Mayonnaise entsteht. Zum Schluß 2 Tl Wasser und Zitronensaft nach und nach unterrühren.

Zubereitungszeit: 10 Minuten
Pro Portion (bei 3 Portionen) 2 g E, 77 g F, 1 g KH = 649 kcal (2732 kJ)

Das paßt zur Aïoli:

Zur Knoblauchmayonnaise serviert man eine Auswahl von rohem und gegartem Gemüse. Außerdem gekochte Eier oder Krustentiere. Auch kurzgebratenes Fleisch und gekochtes Fischfilet passen ausgezeichnet dazu. Unsere Gemüseplatte besteht aus:

300 g Blumenkohl (6–7 Minuten in Salzwasser gegart)
350 g Fenchel (geviertelt, 12 Minuten in Salzwasser gegart)
1 Bund junge Möhren (7 Minuten in Salzwasser gegart)
1 Bund Frühlingszwiebeln (4 Minuten in Salzwasser gegart)
100 g frisch gekochte Rote Bete
150 g Pellkartoffeln
100 g Kichererbsen (a. d. Dose)
250 g Tomaten.
Dazu gibt es noch:
3 Eier (wachsweich gekocht, halbiert, mit Sardellenfilets belegt)

Mangoldcrêpes mit Mozzarella

Für 2 Portionen:
75 g Mehl
2 Eier
125 ml Milch
Salz
2 Tomaten (ca. 100 g)
1 kleine Zwiebel
1/2 Knoblauchzehe
100 g Austernpilze
1/2 Bund Basilikum
400 g Mangold
125 g Mozzarella
2 El Öl
1 Tl Butterschmalz
Pfeffer (a. d. Mühle)
3 El Schlagsahne
1 Eigelb

1. Mehl, Eier, Milch und 1 Prise Salz zu einem glatten Teig verrühren.

2. Die Tomaten vierteln, entkernen und fein würfeln. Die Zwiebel pellen und ebenfalls fein würfeln, Knoblauch pellen und durchpressen. Austernpilze grob zerteilen, harte Stielansätze entfernen. Basilikumblätter abzupfen, einige beiseite legen, restliche grob hacken. Mangoldblätter vom Strunk schneiden und waschen. In Salzwasser 1 Minute blanchieren, abschrecken und abtropfen lassen, dann in 2 cm breite Streifen schneiden. Den Mozzarella würfeln.

3. Das Öl portionsweise in einer beschichteten Pfanne erhitzen und darin 4 dünne Crêpes backen. Zwiebeln, Knoblauch und Pilze im heißen Butterschmalz 2 Minuten dünsten. Mangoldstreifen dazugeben und alles dünsten, bis die Flüssigkeit auf 1 El eingekocht ist. Mit Salz und Pfeffer würzen. Die Sahne und das Eigelb verquirlen und mit dem Mangoldgemüse vermischen, dabei nicht mehr kochen. Tomaten, Basilikum und die Hälfte der Mozzarellawürfel untermischen.

4. Crêpes mit dem Gemüse füllen und in eine gefettete, ofenfeste Form setzen. Den restlichen Mozzarella darüber verteilen. Im vorgeheizten Backofen bei 200 Grad (Gas 3, Umluft 180 Grad) auf der 2. Einschubleiste von unten 10–12 Minuten überbacken.

Zubereitungszeit: 1 Stunde
Pro Portion 33 g E, 44 g F, 38 g KH = 689 kcal (2887 kJ)

Harter Strunk

Den harten Strunk schneiden Sie aus den Mangoldblättern heraus: Dafür das Blatt rechts und links vom Strunk einschneiden und am dünnen Ende quer durchschneiden.

Rührei mit schwarzen Trüffeln

Für 2 Portionen:
4 Eier
50 ml Schlagsahne
Salz
30 g Butter
40 g schwarze Trüffel

1. Die Eier in eine Schüssel aufschlagen. Die Schlagsahne dazugießen, mit den Eiern zu einer homogenen Masse verquirlen und leicht salzen.

2. Die Butter in einer Pfanne bei mittlerer Hitze schmelzen. Die Eiermasse hineingießen und langsam stocken lassen, dabei mit einem Holzspatel von außen zur Mitte hin vorsichtig zusammenschieben.

3. Das fertige Rührei muß noch leicht cremig und glänzend auf der Oberfläche sein. Die Trüffel mit einem Trüffelhobel sofort darüberhobeln. Auf einen vorgewärmten Teller gleiten lassen.

Zubereitungszeit: 15 Minuten
Pro Portion 15 g E, 33 g F, 1 g KH = 393 kcal (1631 kJ)

Lockeres Ei

Damit das Rührei locker wird: etwas Sahne, Milch oder Mineralwasser zu den Eiern geben und aufschlagen.

Sobald die Masse an der Unterseite zu stocken beginnt, mit einem Holzspatel von außen nach innen schieben.

Lamm-Eintopf mit Pfefferminze

Für 2 Portionen:
300 g Lammschulter (ohne Knochen)
2 El Öl
Salz
Pfeffer (a. d. Mühle)
500 ml Gemüsebrühe
1/2 Bund Suppengrün (ca. 250 g)
2 Zweige Pfefferminze
1/2 Bund glatte Petersilie
1 El Zitronensaft
1/2 Tl Zucker
1 Zitronenscheibe

1. Vom Lammfleisch Sehnen und Fett entfernen, dann in ca. 4 cm große Würfel schneiden. Das Öl in einem Schmortopf erhitzen und die Fleischwürfel darin rundherum kräftig anbraten. Salzen, pfeffern und mit der Brühe auffüllen. Zugedeckt bei milder Hitze 45 Minuten garen.

2. Inzwischen das Suppengrün putzen und waschen. Möhre und Petersilienwurzel in Scheiben, Porree in Ringe schneiden. Sellerie klein würfeln.

3. Nach 45 Minuten das Gemüse zum Eintopf geben und 15 Minuten garen. Die Pfefferminze, bis auf einige Blättchen, in feine Streifen schneiden. Die Petersilie hacken.

4. Den Lamm-Eintopf mit Salz, Pfeffer, Zitronensaft und Zucker würzen. Pfefferminze und Petersilie unterrühren. Mit einer halbierten Zitronenscheibe und den Pfefferminzblättchen garniert servieren.

Zubereitungszeit: 1 Stunde
Pro Portion 30 g E, 31 g F, 6 g KH = 446 kcal (1870 kJ)

Schmoren

Die Schulter vom Lamm eignet sich sehr gut zum Schmoren. Das Fleisch vor dem Anbraten rundherum von Fett und Sehnen befreien und dann in gleich große Würfel schneiden.

Lammragout mit Zitronensauce

Für 2 Portionen:
500 g Lammkeule (ohne Knochen)
1 El Mehl
25 g durchwachsener Speck
25 g Schweineschmalz
Salz
grober schwarzer Pfeffer
Muskatnuß (frisch gerieben)
60 ml Weißwein (trocken)
125 ml Kalbsfond (a. d. Glas)
1/2 Zitrone (unbehandelt)
2 Eigelb
1/2 Knoblauchzehe
3 Stiele Petersilie
Zucker

1. Das Fleisch in 4 cm große Würfel schneiden, Fett und Haut dabei entfernen. Die Fleischwürfel mit dem Mehl bestäuben und durchmischen. Den Speck ohne Schwarte würfeln.

2. Das Schmalz in einem flachen, schweren Bräter heiß werden lassen und den Speck darin rundherum anbräunen. Das Fleisch dazugeben und von allen Seiten kräftig anbraten. Mit Salz, Pfeffer und Muskat würzen.

3. Das Fleisch an den Rand schieben, den Wein in die Mitte gießen und Röststoffe mit einem Holzspatel gründlich ablösen. Die Hälfte des Kalbfonds dazugießen und unterrühren. Das Fleisch zugedeckt bei schwacher Hitze 1 Stunde, 15 Minuten schmoren. Eventuell etwas Wasser dazugießen.

4. 15 Minuten vor Ende der Garzeit die Zitrone heiß abwaschen, trockentupfen, dünn schälen und die Schale in feine Streifen schneiden. 1 El Saft auspressen und mit dem Eigelb verquirlen. Knoblauch pellen und in die Eigelbmischung pressen. Die Petersilie grob hacken.

5. Das Fleisch mit einer Schaumkelle aus dem Bräter nehmen und warm stellen. Den restlichen Fond in den Bräter gießen. Die Eigelbmischung mit dem Schneebesen unterschlagen und vorsichtig erhitzen (nicht kochen lassen), bis die Sauce bindet.

6. Die Sauce durch ein Haarsieb in einen anderen Topf umgießen und mit Salz, 1 Prise Zucker und Pfeffer würzen. Dann mit dem Schneidstab schaumig aufmixen und über das Fleisch gießen. Mit Zitronenspänen, Petersilie und Pfeffer garniert servieren.

Zubereitungszeit: 1 Stunde, 45 Minuten
Pro Portion 50 g E, 68 g F,
9 g KH = 904 kcal (3785 kJ)

Feine Späne

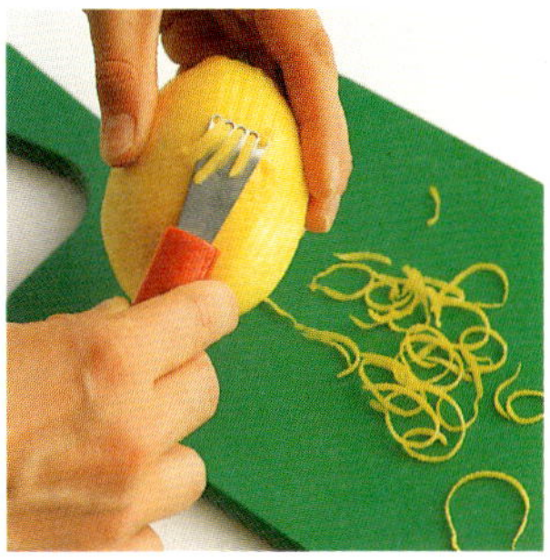

Späne von Zitronen, Orangen und Limetten werden besonders fein, wenn Sie die Schale mit einem Juliennereißer direkt von der Frucht abziehen. Dieses praktische Küchengerät bekommen Sie in Haushaltswarengeschäften.

Lammkoteletts mit Sauerampferquark

Für 2 Portionen:
1/2 Bund glatte Petersilie
5 Stiele Sauerampfer
1/2 Zitrone (unbehandelt)
250 g Magerquark
100 ml Milch
Salz
Pfeffer (a. d. Mühle)
4 doppelte Lammkoteletts (à 150 g)
2 Knoblauchzehen
2 El Öl
1 kleiner Zweig Rosmarin

1. Petersilie und Sauerampfer waschen, trockenschütteln und die Blätter von den Stielen zupfen. Die Petersilie fein hacken, den Sauerampfer in breite Streifen schneiden. Die Zitrone heiß abwaschen, trokkentupfen, die Schale fein abreiben und 1–2 El Saft auspressen.

2. Quark und Milch verrühren. Mit Salz, Pfeffer, Zitronenschale und Zitronensaft würzen. Petersilie und Sauerampfer unterziehen. Den Sauerampferquark bis zum Servieren abgedeckt kalt stellen.

3. Den Fettrand der Lammkoteletts mehrmals einschneiden, damit sie sich beim Braten nicht biegen. Die Koteletts von beiden Seiten salzen und pfeffern. Die Knoblauchzehen mit der Schale halbieren. Das Öl in einer großen Pfanne erhitzen. Die Knoblauchzehen und den Rosmarinzweig hineingeben.

4. Die Koteletts von jeder Seite ca. 4–5 Minuten braten. Auf Tellern anrichten und mit dem Sauerampferquark servieren. Dazu passen Bratkartoffeln, die mit einem frischen Lorbeerblatt gebraten werden.

Zubereitungszeit: 30 Minuten
Pro Portion 54 g E, 38 g F, 10 g KH = 601 kcal (2520 kJ)

Von beiden Seiten braun

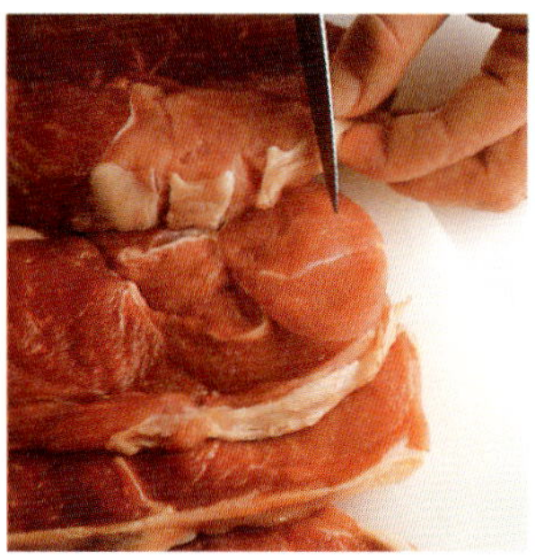

Der Fettrand hält das Fleisch beim Braten saftig. Deshalb nicht abschneiden, sondern nur etwas einschneiden, damit sich die Koteletts beim Braten nicht biegen.

Marinierte Lammspieße

Für 2 Portionen:
250 g Lammrückenfilet
1 Knoblauchzehe
1 Limette
1 El Sambal oelek
4 Frühlingszwiebeln
4 kleine rote Chilischoten
100 g Langkornreis, Salz
100 g Mangofrucht
1/2 rote Paprikaschote
1 kleine gelbe Chilischote
1 Schalotte (fein gewürfelt)
25 g Korinthen
1 Tl Ingwer (gehackt)
15 g Butter
1/2 Tl Currypulver (scharf)
1/2 Tl Zimt
Zucker
15 g Butterschmalz

1. Das Lammfleisch, falls nötig, von Sehnen und Fett befreien. Das Fleisch in ca. 20 g schwere Scheiben schneiden. Jede Scheibe auf die Schnittstelle legen und leicht mit dem Handballen flachdrücken.

2. Den Knoblauch pellen und reiben. Die Limette fein abreiben und 1 El Saft auspressen. Knoblauch, Limettenschale und Sambal oelek mit dem Fleisch mischen. Abdecken und kühl stellen. Am besten über Nacht marinieren.

3. Dann das Fleisch kurz abspülen und trockentupfen. Die Frühlingszwiebeln putzen und waschen. Nur das Hellgrüne und das Weiße in 5 cm lange Stücke schneiden. Die roten Chillies halbieren und entkernen.

4. Auf zwei Holzspieße abwechselnd Lammfiletstücke, Frühlingszwiebeln und Chillies stecken.

5. Inzwischen den Reis in Salzwasser etwa 18 Minuten kochen. Abgießen und abtropfen lassen.

6. Die Mango schälen und die Paprika putzen. Beides in kleine Würfel schneiden. Die gelbe Chili halbieren, entkernen und fein würfeln.

7. Schalotte, Korinthen, Ingwer, gelbe Chili und Paprika in der Butter andünsten. Den Reis dazugeben. Mit Curry, Zimt, dem ausgepreßten Limettensaft, 1 Prise Zucker und Salz pikant würzen. Die Mangowürfel untermischen und den Reis warm halten.

8. Das Butterschmalz erhitzen und die Lammspieße darin bei starker Hitze von beiden Seiten ca. 2–3 Minuten braten. Die Spieße mit dem Reis servieren.

Zubereitungszeit: 1 Stunde (plus Zeit zum Marinieren)
Pro Portion 28 g E, 35 g F, 59 g KH = 689 kcal (2884 kJ)

Limetten und Chillies

So wie für uns die Zitrone zum Kochen unentbehrlich ist, so spielt die Limette in den tropischen Ländern eine wichtige Rolle. Limetten mit ihrer glatten grünen Schale sind etwa doppelt so saftig wie Zitronen und haben meistens keine Kerne. Die Schale ist unbehandelt, der Saft milder als der der Zitrone. Ebenfalls ein tropisches Gewächs sind die Chillies, die – wie Paprika – grün, gelb und rot in den Handel kommt. Die kleinen scharfen Schoten immer nur in kleinen Mengen verwenden!

Lamm: 4 x ganz schnell und einfach

Dieses Gericht bekommt eine feine Würze, wenn Sie mit Kreuzkümmel bestreutes Brot nehmen.

Lammfleisch mit Joghurtsauce

Für 2 Portionen:
100 g Fladenbrot
5 El Öl, 1/2 Knoblauchzehe
150 g Sahnejoghurt
1 El Olivenöl
Salz
300 g schiere Lammschulter
Pfeffer (a. d. Mühle)
2 El Petersilie (gehackt)

1. Fladenbrot würfeln und in 2 El heißem Öl rundherum anrösten. Knoblauch darüberpressen. Brotwürfel in einer Servierform im Ofen warm halten.

2. Joghurt und Olivenöl verrühren und salzen. Lammfleisch erst in Streifen, dann in dünne Scheiben schneiden. Im restlichen heißen Öl knusprig braten. Salzen und pfeffern. Den Bratensatz mit 2 El Wasser lösen.

3. Joghurt über das Brot gießen, das Fleisch darauf anrichten. Mit Bratensatz beträufeln und mit Petersilie bestreuen.

Zubereitungszeit: 30 Minuten
Pro Portion 36 g E, 48 g F,
28 g KH = 685 kcal (2869 kJ)

Das zarte Filet schmeckt am besten, wenn es innen noch rosa ist. Deshalb nur ganz kurz braten.

Lammfilet mit Tomaten

Für 2 Portionen:
1 grüne Paprikaschote
2 Schalotten
2 Knoblauchzehen, 4 El Nußöl
Salz, Pfeffer (a. d. Mühle)
2 El Tomatenketchup
2 Tomaten
200 g Lammrückenfilet
2 El Aceto balsamico
2 El Estragon (gehackt)

1. Paprika putzen, Schalotten pellen, beides längs in dünne Streifen schneiden. Knoblauch durchpressen. Alles in 2 El Nußöl andünsten. 10 Minuten garen, salzen, pfeffern, Ketchup unterrühren.

2. Tomaten in Spalten schneiden, unterheben, mitdünsten. Gemüse auf Teller geben.

3. Restliches Öl erhitzen, das Lammfilet darin rundum 8 Minuten braten, dann in Scheiben schneiden und zum Gemüse legen. Bratfond mit dem Aceto balsamico loskochen und über das Filet gießen. Mit Estragon bestreuen.

Zubereitungszeit: 30 Minuten
Pro Portion 22 g E, 35 g F,
13 g KH = 450 kcal (1886 kJ)

Bei kurzen Garzeiten frischen Lorbeer nehmen: Er gibt sein Aroma schneller ab als getrockneter.

Lammfilet mit Linsen

Für 2 Portionen:
2 frische Lorbeerblätter
120 g Linsen
600 ml Kalbsfond (a. d. Glas)
4 Lammfilets (ca. 360 g)
40 g Butterschmalz
Salz, Pfeffer (a. d. Mühle)
1/2 Knoblauchzehe (durchgepreßt)
250 ml Schlagsahne
2 El glatte Petersilie (gehackt)

1. Lorbeer und Linsen mit dem Kalbsfond zugedeckt 30 Minuten bei schwacher Hitze kochen.

2. Die Lammfilets im heißen Schmalz von beiden Seiten kurz braten, mit Salz, Pfeffer und Knoblauch würzen. Die Lammfilets in Alufolie wickeln und warm stellen.

3. Sahne zum Bratensatz gießen und bei starker Hitze cremig einkochen. Unter die Linsen mischen und nachwürzen, mit der gehackten Petersilie bestreuen und zum Lammfilet servieren.

Zubereitungszeit: 45 Minuten
Pro Portion 55 g E, 65 g F, 35 g KH = 938 kcal (3927 kJ)

Als Beilage servieren Sie Spätzle oder mit etwas Knoblauch geröstetes Fladenbrot.

Lamm-Paprika-Ragout

Für 2 Portionen:
je 1/2 rote, grüne und gelbe Paprikaschote
350 g Lammschulter (ohne Knochen)
4 El Öl
2 Zwiebeln (in Scheiben)
1 Tl Paprikapulver (scharf)
1/8 l Brühe
1/8 l Schlagsahne
1 El Saucenbinder
Salz
Pfeffer (a. d. Mühle)

1. Paprika putzen, erst in Streifen, dann in Rauten schneiden. Fleisch in dünne Scheiben schneiden und in 3 El heißem Öl knusprig braten. Zwiebeln im restlichen Öl andünsten, mit etwas Paprikapulver bestreuen. Paprikarauten dazugeben, mit Brühe und Sahne auffüllen, 15 Minuten zugedeckt garen.

2. Das Fleisch dazugeben, Saucenbinder einstreuen und nochmals aufkochen. Mit Salz, Pfeffer, Paprikapulver würzen.

Zubereitungszeit: 45 Minuten
Pro Portion 38 g E, 51 g F, 10 g KH = 649 kcal (2716 kJ)

Salate

Immer frisch und vitaminreich, als Vorspeise oder kleines Hauptgericht – für jede Jahreszeit gibt es den passenden Salat. 15 Beispiele finden Sie hier.

Abzupfen

Wenn Sie für diesen Salat den kräftigen Winterspinat nehmen, den harten Stengel immer abzupfen.

Dicke-Bohnen-Salat mit Paprika

Für 2 Portionen:
250 g dicke Bohnen (netto)
1/8 l Gemüsebrühe
1/2 rote Paprikaschote
1 kleine Zwiebel
1 kleine Knoblauchzehe
1 El Aceto balsamico
Salz, Pfeffer (a. d. Mühle)
3 El Öl
25 g schwarze Oliven (mit Stein, abgetropft)
150 g Spinat
15 g Pecorino

1. Die dicken Bohnen mit der Gemüsebrühe in einen Topf geben und zugedeckt bei mittlerer Hitze 15 Minuten garen. Durch ein Sieb abgießen, dabei 2 El von der Gemüsebrühe auffangen. Die Bohnenkerne gut abtropfen lassen und aus den Häuten lösen.

2. Die Paprikaschote putzen, waschen, vierteln und in Streifen schneiden. Die Zwiebel pellen und fein würfeln. Die Knoblauchzehe pellen und durchpressen.

3. Aceto balsamico, die aufgefangene Gemüsebrühe, Knoblauch, Salz und Pfeffer miteinander verrühren. Das Öl mit einem Schneebesen unterschlagen. Die Salatsauce mit Paprika, Bohnenkernen, Oliven und Zwiebeln mischen und 30 Minuten durchziehen lassen.

4. Die Spinatblätter putzen, gründlich waschen und trockenschleudern, dann mit den Salatzutaten vermengen. Pecorino mit dem Sparschäler in dünne Scheiben hobeln. Den Salat mit dem Käse bestreut servieren.

Zubereitungszeit: 30 Minuten (plus Zeit zum Durchziehen)
Pro Portion 14 g E, 23 g F, 20 g KH = 345 kcal (1444 kJ)

Eiersalat mit Avocado

Für 2 Portionen:
3 Eier
100 g Blattspinat
1 Avocado
1 Tl Weißweinessig
einige Tropfen Worcestershiresauce
Salz, Pfeffer (a. d. Mühle)
10 g Kapern
1/2 Becher saure Sahne (ca. 75 g)
1 Tl Senf
1/2 Beet Kresse

1. Die Eier in 10 Minuten hart kochen. Dann abschrecken und pellen.

2. Spinat verlesen, die Stengel abzupfen. Die Blätter waschen und trockenschleudern. Dann die großen Spinatblätter zerpflücken.

3. Die Avocado schälen, halbieren, vom Stein befreien und in Spalten schneiden.

4. Essig, Worcestershiresauce, Salz und Pfeffer verrühren. Avocado und Spinat vorsichtig mit der Sauce mischen.

5. Die Eier in Scheiben schneiden. Die Kapern in einem Sieb abtropfen lassen. Saure Sahne mit Senf, Kapern, Salz und Pfeffer verrühren.

6. Den Salat mit Eiern und Senfsauce auf den Tellern anrichten. Mit Kressesträußchen garniert servieren.

Zubereitungszeit: 30 Minuten
Pro Portion 17 g E, 43 g F, 3 g KH = 483 kcal (2025 kJ)

Avocado: aromatisch, wertvoll und gesund

Avocados mit der rauhen Schale schälen Sie mit einem Messer. Bei Avocdos mit der glatten weicheren Schale können Sie auch den Sparschäler nehmen.

Die Frucht halbieren, Stein herauslösen (bei einer reifen Frucht geht das ganz leicht), Hälften in Spalten schneiden. Sofort mit Zitronensaft beträufeln.

Paprika-Tomaten-Salat

Für 2 Portionen:
1/2 rote Paprikaschote
1/2 gelbe Paprikaschote
80 g sehr kleine Schalotten
2 El Öl
Salz, Pfeffer (a. d. Mühle)
8 Kirschtomaten
50 g Kapernäpfel (in Öl)
3 El Weißweinessig
1 Tl Senf (mittelscharf)
Zucker, 5 El Olivenöl
1 kleine Knoblauchzehe
100 g Rauke
1 junger Ziegenkäse (ca. 80 g, z. B. Crottin de Chavignol ohne Asche)

1. Die Paprikaschoten putzen, entkernen, waschen, häuten (wie auf S.6 beschrieben) und in 3 cm große Stücke schneiden.

2. Die Schalotten kurz blanchieren, abtropfen lassen und pellen. Die 2 El Öl erhitzen und die Schalotten darin rundherum goldbraun anbraten, mit 3 El Wasser ablöschen und im geschlossenen Topf bei mittlerer Hitze ca. 8 Minuten dünsten. Die Paprikastücke dazugeben, mit Salz und Pfeffer würzen und 2 weitere Minuten dünsten.

3. Die Kirschtomaten waschen und mit einem Holzstäbchen 4–5mal einstechen. Die Kapernäpfel abtropfen lassen, falls nötig, halbieren. Tomaten und Kapernäpfel zum Gemüse geben.

4. Essig, Salz, Pfeffer, Senf, 1 Prise Zucker und Olivenöl zu einer Sauce verrühren. Knoblauch durchpressen und mit der Sauce unter das Gemüse mischen. Den Salat einige Stunden kühl stellen und durchziehen lassen.

5. Kurz vor dem Servieren die Rauke waschen, trockenschleudern und grob zerzupfen. Unter den Salat mischen. Ziegenkäse halbieren und in 1 cm dicke Scheiben schneiden, auf dem Salat anrichten. Den Salat mit Pfeffer bestreut servieren.

Zubereitungszeit: 45 Minuten (plus Zeit zum Durchziehen)
Pro Portion 6 g E, 31 g F, 6 g KH = 336 kcal (1406 kJ)

Schafskäsesalat

Für 2–3 Portionen:
3 Eier
Herz eines sehr festen Kopfsalats
80 g Rauke
1/2 rote Paprikaschote
1 kleines Bund Radieschen
80 g milder Schafskäse
1 Beet Kresse
4 kleine Knoblauchzehen
2 El Öl
2 El Olivenöl
2 El Rotweinessig
1 Tl Senf (mittelscharf)
Salz, 1/2 Tl brauner Zucker
Pfeffer (a. d. Mühle)

1. Die Eier in 10 Minuten hart kochen, abschrecken und pellen. Das Salatherz grob zerzupfen. Salatblätter und Rauke waschen und trockenschleudern. Die Paprika entkernen, waschen, vierteln und in feine Streifen schneiden. Radieschen putzen, waschen und in dünne Scheiben schneiden. Schafskäse zerkrümeln. Kresse vom Beet schneiden.

2. Die Knoblauchzehen pellen und fein hacken, in der Öl-Olivenöl-Mischung hellbraun braten, abkühlen lassen. Essig, Senf, Salz und Zucker mit dem Schneebesen verquirlen. Das Öl mit den Knoblauchwürfeln unter die Salatsauce schlagen. Mit Salz und Pfeffer würzen.

3. Die Sauce halbieren. Salatblätter, Rauke, Radieschenscheiben und Paprikastreifen mit einer Hälfte mischen und auf einer Platte oder in einer Schüssel anrichten. Die Eier achteln, Eiachtel und die Kresse auf dem Salat verteilen. Den Schafskäse darüberstreuen. Mit der restlichen Sauce beträufeln.

Zubereitungszeit: 1 Stunde
Pro Portion (bei 3 Portionen) 14 g E, 25 g F, 5 g KH = 299 kcal (1253 kJ)

Mit der Schere

Die zarten Blätter der Gartenkresse schneiden Sie am einfachsten mit einer Küchenschere vom Beet.

Bunter Schillerlockensalat

Für 2 Portionen:
100 g Erbsen (TK)
Salz
1 kleine Dose Mais
1/2 Bund Frühlingszwiebeln
150 g Kirschtomaten
1/2 Schillerlocke (ca. 100 g)
3 Zweige Basilikum
60 ml Tomatensaft
1 El Limettensaft
Pfeffer (a. d. Mühle)
Zucker
Cayennepfeffer
2 El Öl

1. Die Erbsen in kochendem Salzwasser ca. 3 Minuten blanchieren und in einem Sieb abtropfen lassen. Mais ebenfalls abtropfen lassen. Die Frühlingszwiebeln putzen, waschen und schräg in Ringe schneiden. Die Kirschtomaten waschen und halbieren. Die Schillerlocke schräg in mundgerechte Stücke schneiden.

2. Die Basilikumblätter abzupfen. Tomatensaft, Limettensaft, Salz, Pfeffer, 1 Prise Zucker und Cayenne verrühren, Öl mit einem Schneebesen unterschlagen.

3. Erbsen, Mais, Frühlingszwiebeln, Tomaten und den Fisch vorsichtig mit der Salatsauce mischen. Den Salat auf Tellern anrichten. Vor dem Servieren mit Basilikumblättchen bestreuen.

Zubereitungszeit: 30 Minuten
Pro Portion 18 g E, 21 g F,
22 g KH = 362 kcal (1516 kJ)

Schillerlocken

Schillerlocken sind ein beliebter Räucherfisch. Man bezeichnet damit die Bauchlappen des Dornhais. Für Salat schneiden Sie den schmalen Strang in kleine Stücke.

Kartoffel-Wurst-Salat

Für 2 Portionen:
25 g Schalotten
80 g Pfifferlinge
3 Stiele glatte Petersilie
1/2 Bund Schnittlauch
5 Radieschen
350 g kleine Kartoffeln (festkochend), Salz
10 g Butter
100 ml Kalbsfond (a. d. Glas)
1 El Weißweinessig
Pfeffer (a. d. Mühle)
2 El Öl
2 Frühlingszwiebeln
50 g hessische Salami (ersatzweise luftgetrocknete Mettwurst)
1/2 Bund Brunnenkresse
5 Kirschtomaten

1. Die Schalotten pellen und fein würfeln. Pfifferlinge putzen, Petersilie fein hacken, Schnittlauch in Röllchen schneiden. Radieschen putzen, waschen, 2 Stück fein hacken. Kartoffeln mit der Schale etwa 15 Minuten in Salzwasser gar kochen und pellen.

2. Die Butter in einer Pfanne erhitzen, Schalottenwürfel bei milder Hitze darin andünsten. Pfifferlinge dazugeben, kurz mitdünsten, mit dem Kalbsfond ablöschen. Mit Essig, Salz und Pfeffer würzen. Öl und gehackte Radieschen unterrühren, noch heiß über die Kartoffeln gießen.

3. Die Frühlingszwiebeln putzen, waschen. Frühlingszwiebeln in Ringe, restliche Radieschen und Wurst in dünne Scheiben schneiden. Die Brunnenkresse, bis auf einige Blättchen, grob hacken. Brunnenkresse mit der Petersilie und dem Schnittlauch unter die Kartoffeln heben und 30 Minuten durchziehen lassen. Kirschtomaten waschen, halbieren und auf dem Salat verteilen. Mit Brunnenkresseblättchen garniert servieren.

Zubereitungszeit: 1 Stunde (plus Zeit zum Durchziehen)
Pro Portion 10 g E, 23 g F, 28 g KH = 367 kcal (1536 kJ)

Pfifferlinge

Pfifferlinge wachsen wild und sind daher nicht so sauber wie Zuchtpilze. Nadeln, Erde und Moos entfernen Sie schonend mit einem Küchenpinsel.

Salatplatte mit Oliven-mayonnaise

Für 2 Portionen:
50 g grüne feste Oliven (mit Stein)
1 Eigelb
1 Tl Zitronensaft
Salz
weißer Pfeffer (a. d. Mühle)
60 ml Öl
3 El Schlagsahne
125 g Blumenkohlröschen
125 g Prinzeßbohnen
125 g Kartoffeln (festkochend)
1 große Fleischtomate
100 g Fenchelknolle
2 Eier
25 g schwarze Oliven (mit Stein)

1. Das Fleisch der grünen Oliven vom Stein schneiden und fein hacken. Für die Mayonnaise Eigelb, Zitronensaft, Salz und Pfeffer in einem Rührbecher mit den Quirlen des Handrührers cremig schlagen. Das Öl erst tropfenweise, dann in einem dünnen Strahl darunterschlagen, bis eine feste Mayonnaise entstanden ist.

2. Die Sahne und 2/3 der gehackten Oliven unter die Mayonnaise rühren, mit Pfeffer abschmecken und zugedeckt durchziehen lassen, bis die anderen Zutaten vorbereitet sind.

3. Die Blumenkohlröschen in Salzwasser in ca. 10 Minuten knapp gar kochen, abtropfen lassen. Die Prinzeßbohnen in Salzwasser 15 Minuten garen. Kartoffeln schälen, längs vierteln und in Salzwasser 15–20 Minuten kochen. Die Tomate waschen und in Spalten schneiden. Fenchel putzen und längs in dünne Scheiben schneiden. Eier in 7–8 Minuten wachsweich kochen, abschrecken, pellen und halbieren.

4. Alle Gemüse auf einer Servierplatte anrichten, die Tomate salzen und pfeffern. Die Olivenmayonnaise löffelweise darüber verteilen, mit den restlichen gehackten Oliven, den schwarzen Oliven und den halbierten Eiern garnieren.

Zubereitungzeit: 1 Stunde
Pro Portion 12 g E, 44 g F,
22 g KH = 551 kcal (2306 kJ)

Feldsalat mit Ei und Forellenfilet

Für 2 Portionen:
100 g Feldsalat
2 Eier
100 g geräuchertes Forellenfilet
1 rote Zwiebel
1 El Weißweinessig
1/2 Tl Senf
Salz
Zucker
Pfeffer (a. d. Mühle)
4 El Sonnenblumenöl

1. Den Feldsalat putzen, waschen und trockenschleudern. Die Eier in 7–8 Minuten wachsweich kochen und abschrecken.

2. Das Forellenfilet häuten und in mundgerechte Stücke zerteilen. Die Zwiebel pellen und in feine Ringe schneiden.

3. Den Essig mit Senf, Salz, 1 Prise Zucker und Pfeffer verrühren, dann das Öl dazugeben.

4. Die Eier pellen und sechsteln. Den Feldsalat auf einer Platte anrichten und mit der Salatsauce beträufeln. Eier, Forellenfilets und Zwiebelringe darüber verteilen.

Zubereitungszeit: 30 Minuten
Pro Portion 16 g E, 21 g F, 2 g KH = 281 kcal (1173 kJ)

Frisch und zart: Feldsalat

Feldsalat ist ein wertvolles Wintergemüse mit reichlich Mineralstoffen und Vitaminen. Für den Salat knipsen Sie die Wurzeln und welken Blätter ab und waschen den Sand heraus. Dann gut trockenschleudern.

Kartoffelsalat mit Hummer

Für 2 Portionen:
80 g Erbsen (TK)
100 g Möhren
300 g kleine Kartoffeln (festkochend)
Salz
100 g grüner Spargel
1 Bund Schnittlauch
50 g Schalotten
1/2 Knoblauchzehe
weißer Pfeffer (a. d. Mühle)
Zucker, 3 El Weißweinessig
2 El Olivenöl
75 ml Geflügelfond (a. d. Glas)
1 Eigelb, 1 El Senf
1 Tl mildes Currypulver
Cayennepfeffer
2 Zweige Kerbel
5 Kirschtomaten
1 Hummer (500 g, gekocht)

Hummer teilen

Den Körper mit Beinen und Scheren und den Schwanz durch leichtes Drehen und Ziehen voneinander trennen.

Den Chitinmantel an der Unterseite des Schwanzes rechts und links aufschneiden, Fleisch herausziehen.

Das ausgelöste Schwanzfleisch auf der Rückenseite der Länge nach einschneiden, den Darm herausziehen.

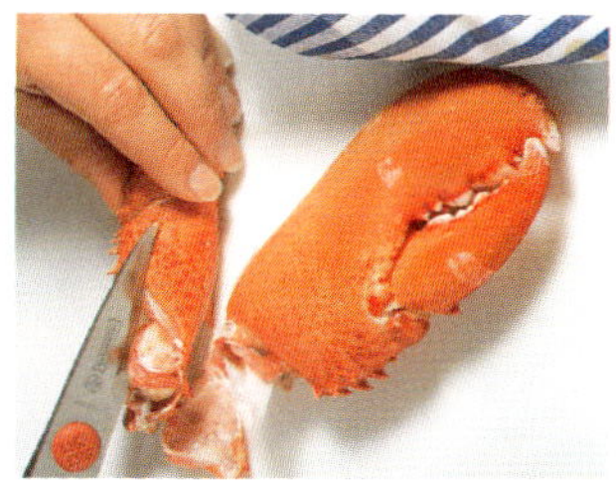

Die Glieder zwischen Körper und Scheren abdrehen, mit der Schere anschlagen, der Länge nach aufschneiden.

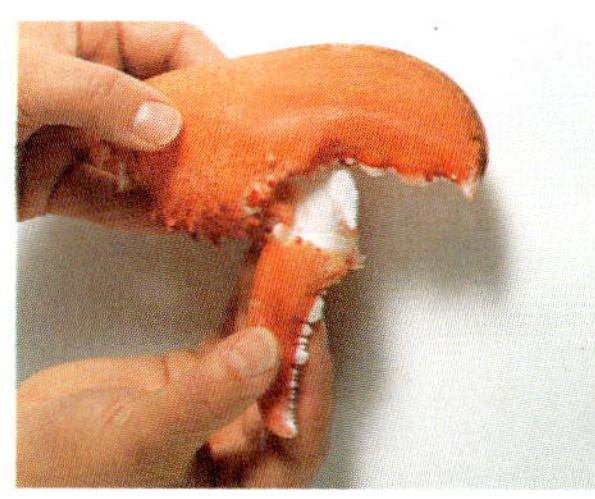

Den kleinen Teil der Schere gegen den großen drehen und abknicken, damit das Chitinband dazwischen reißt.

1. Erbsen auftauen lassen. Möhren putzen. Kartoffeln mit der Schale und Möhren getrennt in Salzwasser ca. 15 Minuten kochen. Vom Spargel nur das untere Drittel schälen, holzige Enden abschneiden. Spargel in leicht siedendem Salzwasser 3–4 Minuten garen, herausnehmen und abtropfen lassen. Schnittlauch in feine Röllchen schneiden und einige Spitzen zur Dekoration beiseite legen.

2. Für die Salatsauce die Schalotten und den Knoblauch pellen und fein würfeln. Mit Salz, Pfeffer, 1 Prise Zukker, Essig und Olivenöl und der Hälfte des Geflügelfonds verrühren.

3. Für die Schnittlauchsauce den restlichen Geflügelfond einmal aufkochen und schnell unter das Eigelb rühren. Mit Senf, Curry, Salz und Cayenne würzen. Die Hälfte von den Schnittlauchröllchen untermischen.

4. Die Kartoffeln pellen. Kartoffeln und Möhren in dünne Scheiben schneiden. Den Spargel schräg in ca. 2 cm lange Stücke schneiden. Alles mit den Erbsen, der Salatsauce, dem restlichen Schnittlauch, Kerbelblättchen und den geviertelten Tomaten vorsichtig mischen. Den Salat durchziehen lassen.

5. Vom Hummer die Scheren und den Schwanz auslösen: Die Scheren mit einem schweren Messerrücken anschlagen, das Fleisch herausnehmen. Den Chitinmantel an der Unterseite des Schwanzes aufschneiden und wie einen Deckel hochklappen. Hummerschwanz herauslösen. Der Länge nach einschneiden und den Darm entfernen. Das Fleisch in Stücke teilen.

6. Den Salat und den Hummer mit der Schnittlauchsauce auf Tellern anrichten. Mit Schnittlauchspitzen garnieren.

Zubereitungszeit: 45 Minuten
Pro Portion 24 g E, 16 g F, 29 g KH = 371 kcal (1555 kJ)

Kartoffel-Frisée-Salat

Für 2 Portionen:
250 g Kartoffeln (festkochend)
Salz
1/2 Friséesalat
80 g Gewürzgurken (a. d. Glas)
8 Kirschtomaten, 1 Zwiebel
50 g Frühstücksspeck
10 g Butter, 1 Tl Mehl
60 ml Gurkenflüssigkeit
60 ml Gemüsebrühe
Pfeffer (a. d. Mühle)
Zucker
1 El Weißweinessig
1 Tl Senf

1. Kartoffeln mit der Schale in Salzwasser gar kochen, abschrecken, pellen und in dünne Scheiben schneiden. Den Friséesalat putzen, waschen, trockenschleudern und die Blätter zerzupfen.

2. Die Gurken abtropfen lassen und in Scheiben schneiden. Die Kirschtomaten waschen, halbieren. Die Zwiebel pellen und würfeln. Den Frühstücksspeck in feine Würfel schneiden.

3. Die Butter in einer Pfanne erhitzen und die Zwiebel und den Speck darin andünsten. Das Mehl darüberstreuen, anschwitzen, mit der Gurkenflüssigkeit und Brühe ablöschen. Unter Rühren 5 Minuten kochen lassen, mit Salz, Pfeffer, 1 Prise Zucker, Essig und Senf würzen.

4. Die Kartoffelscheiben in die Pfanne geben und durchschwenken. Mit dem Frisée und den Tomaten mischen und auf Tellern anrichten.

Zubereitungszeit: 45 Minuten
Pro Portion 7 g E, 21 g F, 23 g KH = 321 kcal (1342 kJ)

Geflügelsalat mit Weintrauben

Für 2 Portionen:
100 g grüne Weintrauben
100 g blaue Weintrauben
25 g Walnußkerne
120 g Staudensellerie
200 g Hähnchenbrustfilet
Salz, Pfeffer (a. d. Mühle)
10 g Butterschmalz
1/2 Becher Sahnejoghurt (75 g)
1 Tl Zitronensaft
2 El Walnußöl
Zucker

1. Die Weintrauben waschen, halbieren und entkernen. Die Walnußkerne in einer Pfanne ohne Fett rösten, kurz abkühlen lassen und grob hacken. Staudensellerie putzen, entfädeln und schräg in Scheiben schneiden. Das zarte Selleriegrün beiseite legen.

2. Das Hähnchenbrustfilet kalt abspülen, trockentupfen, von beiden Seiten salzen und pfeffern. Das Butterschmalz in einer Pfanne erhitzen und das Hähnchenfleisch darin bei mittlerer Hitze von jeder Seite ca. 7 Minuten braten.

3. Inzwischen Joghurt, Zitronensaft und Walnußöl verrühren, mit Salz, Pfeffer und 1 Prise Zucker würzen. Das Hähnchenbrustfilet längs halbieren und quer in ca. 2 cm breite Scheiben schneiden.

4. Weintrauben, Walnußkerne und Staudensellerie mit der Joghurtsauce vermengen. Zusammen mit den Filetscheiben und dem Selleriegrün auf Tellern anrichten und servieren.

Zubereitungszeit: 1 Stunde
Pro Portion 21 g E, 25 g F, 20 g KH = 405 kcal (1693 kJ)

Ohne Kerne

Es macht zwar ein bißchen Arbeit, aber der Salat schmeckt einfach besser, wenn Sie die Kerne aus den Trauben herauslösen.

Salate: 4 x ganz schnell und einfach

Tomaten mit Mozzarella kennt jeder. Viel interessanter: gepfefferte Erdbeeren mit Mozzarella.

Erdbeer-Mozzarella-Salat

Für 2 Portionen:
250 g Erdbeeren
60 g Mozzarella
1 El Himbeeressig
2 El Öl, Salz
schwarzer Pfeffer
(a. d. Mühle)
Zucker, 3 Zweige Basilikum

1. Erdbeeren waschen, putzen und in Scheiben schneiden. Mozzarella ebenfalls in Scheiben schneiden, eventuell halbieren.

2. Himbeeressig, Öl und 1 Tl Wasser verrühren. Sauce mit Salz, Pfeffer und 1 Prise Zukker würzen.

3. Erdbeerscheiben und Mozzarella mit der Sauce mischen und ziehen lassen. Inzwischen das Basilikum abzupfen, einige Blättchen zurückbehalten, den Rest fein schneiden.

4. Basilikum vorsichtig unter den Salat heben, mit Pfeffer bestreuen und mit Basilikumblättchen garnieren.

Zubereitungszeit: 30 Minuten
Pro Portion 7 g E, 10 g F,
9 g KH = 166 kcal (697 kJ)

Erfrischende Vorspeise: In der Frucht serviert sieht der sommerliche Salat besonders gut aus.

Melonen-Garnelen-Salat

Für 2 Portionen:
1 kleine Honigmelone
100 g Staudensellerie
1 kleine Möhre
1 El Zitronensaft
Salz
Pfeffer (a. d. Mühle)
Zucker
3 El Olivenöl
4 Zweige Basilikum
100 g Tiefseegarnelen

1. Melone halbieren, entkernen und mit einem Kugelausstecher aus dem Fruchtfleisch Kugeln ausstechen. Staudensellerie und Möhre putzen und in feine Stifte schneiden.

2. Aus Zitronensaft, Salz, Pfeffer, 1 Prise Zucker und Öl eine Sauce rühren. Basilikumblätter abzupfen und in feine Streifen schneiden.

3. Melonenkugeln, Sellerie, Möhren, Basilikum und Garnelen mit der Sauce mischen und in den ausgehöhlten Melonenhälften servieren.

Zubereitungszeit: 30 Minuten
Pro Portion 9 g E, 16 g F,
22 g KH = 275 kcal (1152 kJ)

Wenn es frische Waldpilze gibt: gebratene Pfifferlinge oder Steinpilze unter den Salat mischen.

Blattsalat mit Bacon

Für 2 Portionen:
1 Kopfsalat
100 g Champignons
1 rote Zwiebel
80 g Bacon
2 El Weißweinessig
6 El Öl
3 Stiele Petersilie (gehackt)
Salz
Pfeffer (a. d. Mühle)

1. Salat waschen, trockenschleudern und in Stücke zerteilen. Champignons putzen, in Scheiben schneiden. Zwiebel pellen und würfeln. Bacon in Streifen schneiden.

2. Essig, 5 El Öl, Zwiebel und Petersilie verrühren, salzen und pfeffern.

3. Bacon im restlichen Öl kroß braten und auf Küchenpapier abtropfen lassen. Salat mit Champignons und der Sauce mischen, Baconstreifen darüber verteilen.

Zubereitungszeit: 30 Minuten
Pro Portion 4 g E, 61 g F, 2 g KH = 569 kcal (2381 kJ)

Wenn Sie´s gehaltvoller haben möchten, geben Sie Kasseler oder geräucherte Putenbrust dazu.

Nudel-Gemüse-Salat

Für 2 Portionen:
100 g Schleifennudeln, Salz
2 Frühlingszwiebeln
150 g Erbsen (TK)
2 Tomaten
150 g Mais (abgetropft)
1 kleine Chilischote (gewürfelt)
1 El Weißweinessig
Pfeffer (a. d. Mühle)
Zucker, 2 El Olivenöl
75 g Vollmilchjoghurt

1. Nudeln in Salzwasser bißfest garen. Frühlingszwiebeln putzen, waschen und in Ringe schneiden. Zwiebelringe und Erbsen 3 Minuten vor Ende der Garzeit zu den Nudeln geben, abgießen und abtropfen lassen.

2. Tomaten waschen, sechsteln und mit den Nudeln und allem Gemüse mischen.

3. Chiliwürfel mit Essig, Salz, Pfeffer, 1 Prise Zucker und Olivenöl verrühren. Dann den Joghurt dazugeben. Die Sauce mit den Salatzutaten mischen.

Zubereitungszeit: 30 Minuten
Pro Portion 13 g E, 14 g F, 67 g KH = 445 kcal (1866 kJ)

Geflügel

Für den besonderen Anlaß Stubenküken und Wachteln, für jeden Tag Brust, Filet oder Keule – das Geflügel präsentiert sich hier international.

Stubenküken mit Selleriepüree

Für 2 Portionen:
200 g zarte Wirsingblätter
200 g Frühlingszwiebeln
200 g kleine Bundmöhren
200 g Staudensellerie
120 g Kartoffeln (mehligkochend), Salz
weißer Pfeffer (a. d. Mühle)
2–3 Stiele Estragon
2 Stubenküken (à 250 g, küchenfertig)
10 g durchwachsener Speck
1 Zwiebel (50 g)
150 ml Geflügelfond (a. d. Glas)

1. Von den Wirsingblättern den Strunk herausschneiden und die Blätter in feine Streifen schneiden. Von den Frühlingszwiebeln die dunkelgrünen Teile abschneiden. Die Möhren schälen und etwas Grün stehen lassen.

2. Den Sellerie und die Kartoffeln waschen und schälen. 100 g der Kartoffeln und den Sellerie in 3 cm große Stücke schneiden. In Salzwasser ca. 15 Minuten gar kochen. Dann durch die Kartoffelpresse drücken, mit Salz und Pfeffer würzen. Estragonblätter fein hacken und untermischen.

3. Die Stubenküken mit Salz und Pfeffer würzen und die Keulen über Kreuz gelegt mit Küchengarn zusammenbinden. Auf ein mit Backpapier belegtes Backblech setzen. Im vorgeheizten Backofen bei 200 Grad (Gas 3, Umluft 20–25 Minuten bei 200 Grad) auf der 2. Einschubleiste von unten ca. 30 Minuten garen.

4. Den Speck fein würfeln und in einem Topf knusprig auslassen. Zwiebel pellen, würfeln und mit den Wirsingstreifen im Bratfett andünsten. Mit Salz und Pfeffer würzen, 5 El Wasser dazugeben und bei geschlossenem Deckel 10 Minuten unter Wenden dünsten. Die Möhren in ca. 3 Minuten in wenig kochendem Salzwasser blanchieren, die Frühlingszwiebeln dazugeben und weitere 3 Minuten blanchieren.

5. Den Geflügelfond aufkochen. Die restliche Kartoffel fein reiben und in den kochenden Geflügelfond geben. Weitere 3 Minuten leise kochen lassen. Den Fond durch ein feines Sieb passieren. Mit Salz und Pfeffer würzen und den entstandenen Bratensaft der Stubenküken dazugeben (beim Garen mit Umluft entsteht kein Bratenfond).

6. Die Stubenküken auf dem Wirsinggemüse mit Möhren, Frühlingszwiebeln und Püree anrichten. Stubenküken und Gemüse mit dem Bratenfond beträufeln.

Zubereitungszeit: 1 Stunde
Pro Portion 46 g E, 15 g F, 19 g KH = 413 kcal (1728 kJ)

Küchengarn gibt Halt und Form

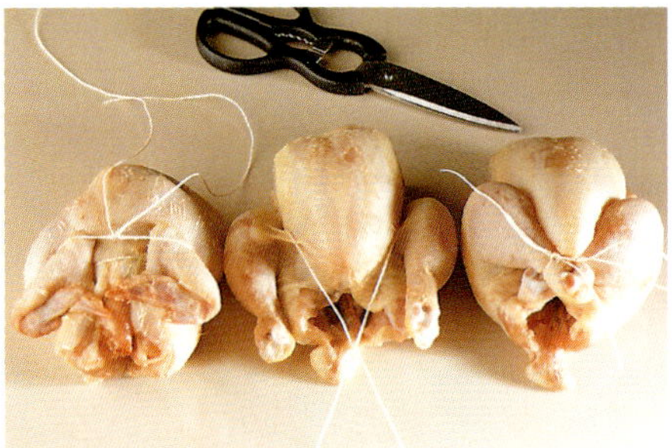

Erst die Flügel zusammenbinden, dann das Garn um die Küken herumführen und die beiden Keulen über Kreuz zusammenbinden.

Mit Olivenpesto gefüllte Poulardenbrust

Für 2 Portionen:
80 g schwarze Oliven (ohne Stein)
1 El Semmelbrösel
80 g Basilikumpesto (a. d. Glas)
1 Poulardenbrust mit Knochen und Haut (500 g)
1/2 Pk. Tomatenpüree mit Stücken (200 ml)
4 Zweige Basilikum
1 Tl Speisestärke
Salz
Pfeffer (a. d. Mühle)

1. Die Oliven fein hacken und mit den Semmelbröseln und dem Basilikumpesto zu einer Paste verrühren.

2. Die Poulardenbrust kalt abspülen und trockentupfen. Die Oliven-Pesto-Mischung in einen Spritzbeutel ohne Tülle geben. Die Haut der Poulardenbrust an beiden Seiten etwas anheben und die Masse zwischen Haut und Fleisch spritzen.

3. Die Haut rundherum mit Holzstäbchen feststecken. Die Poulardenbrust auf ein mit Backpapier ausgelegtes Blech legen und im vorgeheizten Backofen bei 200 Grad (Gas 3, Umluft 180 Grad) auf der 2. Einschubleiste von unten 30–35 Minuten braten.

4. Inzwischen das Tomatenpüree erhitzen. Basilikumblättchen abzupfen und fein hacken. Die Speisestärke mit etwas kaltem Wasser anrühren, das Püree damit binden und einmal aufkochen lassen. Basilikum dazugeben, dann mit Salz und Peffer abschmecken.

5. Das Fleisch mit einem Messer vom Knochen lösen, in Scheiben schneiden und mit dem Tomatenragout servieren. Dazu paßt italienisches Brot oder Baguette.

Zubereitungszeit: 1 Stunde
Pro Portion 50 g E, 56 g F, 23 g KH = 779 kcal (3343 kJ)

Raffinierte Füllung – ganz einfach gemacht

Semmelbrösel, Pesto und gehackte schwarze Oliven mit einem Spatel vermengen.

In einen Spritzbeutel ohne Tülle füllen und zwischen Haut und Fleisch spritzen.

Die Haut über die Paste ziehen. Dann mit den Fingern über die Haut streichen.

Chicken-Chili

Für 2 Portionen:
40 g Pinienkerne
1 rote Chilischote
1/2 Bund Frühlingszwiebeln
1 kleine Knoblauchzehe
250 g Hähnchenbrustfilet
2 El Öl, 1 El Tomatenmark
1 El Erdnußcreme (ungesüßt, mit Stücken)
100 ml Geflügelfond
(a. d. Glas), Salz

1. Die Pinienkerne in einer Pfanne ohne Fett unter Wenden goldbraun rösten. Die Chilischote der Länge nach aufschlitzen, die Kerne herauskratzen, putzen und das Fruchtfleisch in dünne Streifen schneiden. Die Frühlingszwiebeln putzen, waschen und die weißen und hellgrünen Teile schräg in 1 cm dicke Scheiben schneiden. Die Knoblauchzehe pellen. Das Hähnchenfleisch kalt abspülen, trockentupfen und in 2 cm breite Streifen schneiden.

2. Das Öl in einer Pfanne heiß werden lassen. Die Frühlingszwiebeln dazugeben und die Knoblauchzehe darüberpressen. Das Hähnchenfleisch und die Chilistreifen dazugeben. Unter Wenden 4–5 Minuten anbraten.

3. Tomatenmark, Erdnußcreme und Geflügelfond in einem Rührbecher verquirlen. Die Mischung zum Hähnchenfleisch gießen und aufkochen lassen, gelegentlich umrühren. Die Pinienkerne dazugeben und mit Salz würzen. Dazu passen knuspriges Brot, Reis oder Nudeln.

Zubereitungszeit: 1 Stunde
Pro Portion 38 g E, 26 g F, 6 g KH = 429 kcal (1796 kJ)

Sorgfältig putzen

Die kleinen Kerne und die Trennwände im Inneren der Chilischote sind die wahren Scharfmacher. Deshalb beides gründlich entfernen, und die geputzte Schote unter Wasser abspülen.

Von den Frühlingszwiebeln den Wurzelansatz und die äußerste Blattschicht entfernen. Dann den dunkelgrünen Teil abschneiden und das weiße und hellgrüne Stück in schräge Scheiben schneiden.

Poulardenbrust mit Mangogemüse

Für 2 Portionen:
2 Poulardenbrüste mit Flügelknochen (à 250 g, vom Geflügelhändler zurechtgeschnitten)
1 kleine Mango (300–350 g)
15 g Pistazienkerne
10 g Ingwerwurzel
Salz
schwarzer Pfeffer (a. d. Mühle)
Zucker
75 g Mischung aus wildem und Langkornreis (a. d. Packung)
50 g Butter

1. Von den Poulardenbrüsten den unteren Flügelknochen abtrennen, den oberen Knochen mit einem scharfen Messer bis zur Brust hin freischaben.

2. Die Mango schälen, das Fruchtfleisch vom Stein schneiden und in etwa 1 cm dicke Würfel zerteilen. Die Pistazien 1–2 Minuten in einer Pfanne ohne Fett rösten. Ingwer schälen und fein hacken. Beides mit den Mangowürfeln mischen, mit Salz, Pfeffer und 1 Prise Zucker würzen.

3. 1/2 l Wasser zum Kochen bringen und den Reis nach Packungsanweisung zubereiten. Die Butter in einer Pfanne erhitzen. Poulardenbrüste von beiden Seiten mit Salz und Pfeffer einreiben und mit der Hautseite nach unten 5–6 Minuten bei mäßiger Hitze braten. Dann das Fleisch umdrehen und weitere 4–5 Minuten braten. Vorsicht, die Butter darf nicht zu heiß werden, sonst wird sie schwarz und bitter.

4. Das Fleisch aus der Pfanne nehmen, gut abtropfen lassen und warm stellen. Die Mangowürfel in die Pfanne geben und bei milder Hitze erwärmen. Zum Servieren das Fleisch schräg in Scheiben schneiden und mit dem Reis und dem Mangogemüse anrichten.

Zubereitungszeit: 30 Minuten
Pro Portion 40 g E, 27 g F, 44 g KH = 596 kcal (2494 kJ)

Mangowürfel fürs Gemüse

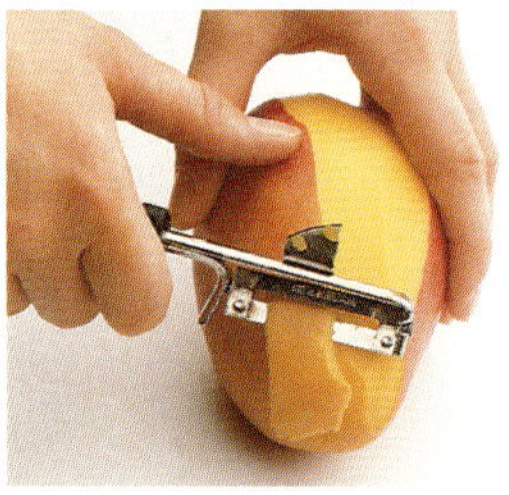

Die Schale der Mango ist ungenießbar. Mit einem Sparschäler können Sie sie ganz leicht der Länge nach vom Fruchtfleisch abziehen.

Da sich der harte Kern nur schwer vom Fruchtfleisch lösen läßt: das saftige Fleisch in Scheiben rundherum vom Kern abschneiden.

Die Scheiben in Streifen schneiden, die Streifen würfeln. Vorsicht: Mangosaft verursacht auf der Kleidung Flecken, die sich nur schwer entfernen lassen!

Hähnchenpfanne mit Mandeln

Für 2 Portionen:
1 El Sherry (trocken)
1 El Sojasauce
Salz, Zucker
1 Tl Weißweinessig
1 El Porreewürfel
1 walnußgroßes Stück Ingwer
1 Knoblauchzehe
200 g Hähnchenbrustfilet
25 g geschälte Mandeln
1 kleine Möhre
50 g Porree, 2 El Öl
50 g Mungobohnensprossen
1/2 Tl Speisestärke

1. Sherry, Sojasauce, Salz, Zucker, Essig, Porreewürfel und 2 El Wasser verrühren. Ingwer schälen und hacken, Knoblauch pellen und durchpressen. Beides in die Sauce geben. Das Fleisch kalt abspülen, trockentupfen und in schmale Streifen schneiden. Mit der Marinade beträufeln, 15 Minuten ziehen lassen.

2. Die Mandeln ohne Fett in einer Pfanne goldgelb anrösten. Möhre und Porree putzen, waschen und in feine Streifen schneiden. Die Sprossen waschen, welke Enden abzupfen.

3. Fleisch in einem Sieb abtropfen lassen und die Marinade dabei auffangen. Das Öl in einer Pfanne erhitzen, das Fleisch darin unter Rühren 1 Minute braten und mit der Schaumkelle herausnehmen. Möhre, Porree und Sprossen im Bratfett ebenfalls 1 Minute braten und salzen.

4. Fleisch und Mandeln zum Gemüse geben. Marinade, Stärke und 50 ml Wasser miteinander verquirlen, zum Fleisch gießen, einmal aufkochen lassen. Dazu paßt Reis.

Zubereitungszeit 45 Minuten
Pro Portion 28 g E, 18 g F,
9 g KH = 318 kcal (1328 kJ)

Feine Streifen

Das Fleisch in ganz dünne Streifen schneiden. Dann wird es schnell knusprig.

Glasierte Wachteln mit Steinpilzen

Für 2 Portionen:
150 g Rosenkohl, Salz
120 g Steinpilze
4 Wachteln (küchenfertig)
Pfeffer (a. d. Mühle)
3 El Grenadinesirup
2 El Limettensaft
2 kleine Zwiebeln
1 kleine Möhre
1 kleine Stange Porree
1 Chilischote, 2 El Öl
1 Tl Tomatenmark
200 ml Wildfond (a. d. Glas)
30 g Butter
1 Tl Crème double
1 Tl Schnittlauch (in Röllchen)

1. Den Rosenkohl putzen, 4–5 Minuten in Salzwasser blanchieren und abschrecken. Die Steinpilze mit Küchenpapier abreiben und in dünne Scheiben schneiden.

2. Die Wachteln innen und außen mit Salz und Pfeffer einreiben. Sirup und Limettensaft verrühren, die Wachteln innen und außen damit bepinseln. Die Keulen über Kreuz zusammenbinden.

3. Die Zwiebeln pellen, Möhre und Porree putzen. Zwiebeln, Möhre, den weißen und den hellgrünen Teil des Porrees in kleine Würfel schneiden. Chilischote entkernen.

4. Öl in einem flachen Bräter erhitzen. Wachteln mit der Brustseite nach oben, Gemüse und Chilischote hineingeben und bei mittlerer Hitze 2–3 Minuten anbraten. Die Wachteln im vorgeheizten Backofen bei 200 Grad (Gas 3, Umluft 180 Grad, in den letzten 10 Minuten mit Alufolie abdecken) auf der 2. Einschubleiste von unten 30 Minuten braten. Wachteln alle 10 Minuten mit der Saftmischung bepinseln.

5. Den Bräter aus dem Backofen nehmen und die Wachteln im Ofen warm stellen. Das Gemüse im Bräter bei mittlerer Hitze mit dem Tomatenmark anrösten. Mit dem Fond ablöschen und 10 Minuten einkochen lassen.

6. 15 g Butter schmelzen und 50 ml Wasser, Salz und Rosenkohl dazugeben, so lange glasieren, bis die Flüssigkeit verdunstet ist. Mit Pfeffer kräftig abschmecken.

7. Das Gemüse mit der Flüssigkeit durch ein Sieb gießen, den Bratfond auffangen und einmal aufkochen lassen. Dann die Crème double unterrühren und warm stellen.

8. Die restliche Butter schmelzen und die Pilzscheiben darin von jeder Seite 1–2 Minuten hellbraun braten. Salzen, pfeffern und den Schnittlauch darüberstreuen.

9. Die Wachteln aus dem Backofen nehmen, mit Steinpilzen, Rosenkohl und der Sauce servieren.

Zubereitungszeit: 2 Stunden, 30 Minuten
Pro Portion 48 g E, 25 g F,
17 g KH = 479 kcal (1988 kJ)

Rosenkohl einritzen

Der Rosenkohl wird gleichmäßiger gar, wenn Sie die geputzten Röschen am Strunk über Kreuz ein wenig einschneiden.

Entenbrust mit Koriander

Für 2 Portionen:
500 g Porree
350 g reife Tomaten
2 Entenbrüste (à 250 g)
2 Beutel 8-Minuten-Reis (à 62 g)
Salz
Pfeffer (a. d. Mühle)
Koriander (gemahlen)
200 ml Hühnerbrühe
1-2 El Speisestärke
4 El Rotwein

1. Den Porree putzen, in Ringe schneiden, waschen und abtropfen lassen. Die Tomaten waschen und in Spalten schneiden, dabei die Stielansätze entfernen.

2. Die Entenbrüste häuten und in dünne Streifen schneiden. Etwa 10 g der Entenhaut fein würfeln. Den Reis nach Packungsanweisung in Salzwasser kochen.

3. Die Entenhautwürfel in einer Pfanne ausbraten. Das Entenfleisch darin bei mäßiger Hitze rundherum anbraten. Mit Salz, Pfeffer und Koriander würzen. Die Porreeringe dazugeben, mit der Brühe ablöschen und einmal aufkochen lassen.

4. Die Stärke mit dem Rotwein verrühren, zum Fleisch geben und aufkochen lassen. Dann die Tomatenspalten dazugeben, salzen, pfeffern. Mit dem Reis servieren.

Zubereitungszeit: 45 Minuten
Pro Portion 55 g E, 45 g F, 63 g KH = 925 kcal (3872 kJ)

Schieres Fleisch

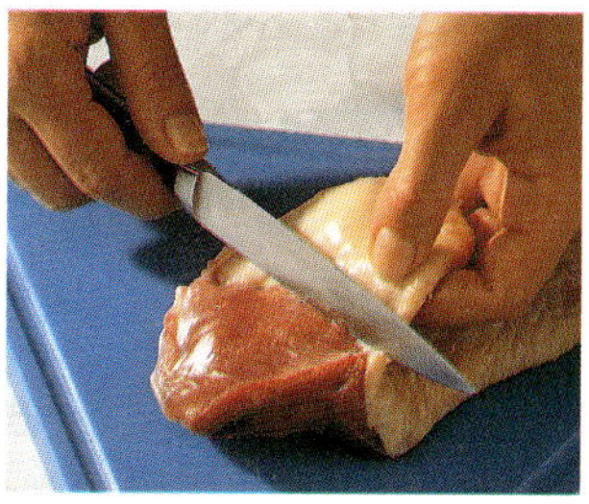

Mit einem scharfen Messer läßt sich die Haut der Entenbrust leicht ablösen.

Putenschnitzel in Zitronensauce

Für 2 Portionen:
2 kleine Zwiebeln
2 El Öl
1 gelbe und 1 grüne Paprikaschote
1 kleine Knoblauchzehe
2 Putenschnitzel (à 120 g)
Salz
Pfeffer (a. d. Mühle)
20 g Mehl
1 Ei
40 g Semmelbrösel
25 g Butter
1/2 Zitrone (unbehandelt)
4 Zweige Basilikum

1. Die Zwiebeln pellen, halbieren und längs in Spalten schneiden. Das Öl in einer Pfanne erhitzen, die Zwiebeln darin glasig dünsten.

2. Die Paprikaschoten vierteln, entkernen, waschen und putzen. Die Paprikaviertel erst in Streifen, dann schräg in Rauten schneiden. Die Knoblauchzehe pellen, durchpressen und mit den Paprikarauten zu den Zwiebeln geben. Das Paprikagemüse zugedeckt 10 Minuten garen.

3. Die Putenschnitzel kurz abspülen, trockentupfen und von beiden Seiten salzen und pfeffern. Erst in Mehl wenden, dann durch das verquirlte Ei ziehen und zuletzt von beiden Seiten in die Semmelbrösel drücken. Die Butter in einer Pfanne heiß werden lassen und die Schnitzel bei milder Hitze 3–4 Minuten von jeder Seite braten.

4. Die Zitrone heiß abwaschen, trockentupfen, die Schale fein abreiben und den Saft auspressen. Die Basilikumblätter abzupfen und in feine Streifen schneiden. Basilikum unter das Paprikagemüse heben, mit Salz und Pfeffer würzen.

5. Die Schnitzel mit Zitronensaft begießen und mit -schale bestreuen. Mit dem Paprikagemüse anrichten und der Bratbutter beträufeln.

Zubereitungszeit: 30 Minuten
Pro Portion 34 g E, 21 g F, 17 g KH = 410 kcal (1716 kJ)

Fleisch und Beilage vorbereiten

Die Paprikarauten sehen dekorativ aus und entstehen ganz von alleine, wenn Sie die Schoten der Länge nach in schmale Streifen und diese schräg in Stücke schneiden.

Voraussetzung für eine knusprige Hülle: Das Fleisch erst in Mehl wenden, dann auf beiden Seiten durch das verquirlte Ei ziehen und in die Semmelbrösel drücken.

Gänsekeulen auf Wirsing

Für 2 Portionen:
2 Gänsekeulen (à ca. 400 g)
Salz, Pfeffer (a. d. Mühle)
1 Tl Fenchelsaat
1 Lorbeerblatt
60 ml Weißwein (trocken)
125 g Polenta (Maisgrieß)
4 Salbeiblätter
1 Knoblauchzehe
25 g getrocknete
Tomaten (in Öl)
300 g Wirsing

1. Keulen salzen und pfeffern. Einen flachen Bräter erhitzen, die Keulen darin zugedeckt 10 Minuten langsam auf der Unterseite anbraten.

2. Keulen wenden und von der anderen Seite bei mäßiger Hitze goldbraun anbraten. Das ausgetretene Gänsefett abgießen, dabei 1 El auffangen. 1/2 Tl Fenchelsaat und das Lorbeerblatt im Bräter andünsten, mit dem Wein ablöschen und die Keulen zugedeckt 1 Stunde schmoren, dabei ab und zu wenden.

3. Inzwischen die Polenta in 325 ml kochendes gesalzenes Wasser einrühren und 8–10 Minuten unter Rühren bei schwacher Hitze kochen, dann in eine mit Gänsefett ausgepinselte, rechteckige Form 2–3 cm hoch einstreichen. Die Polenta mit 1/2 El Bratfett bepinseln und mit den Salbeiblättern belegen.

4. Die Knoblauchzehe pellen und in dünne Scheiben schneiden. Die Tomaten abtropfen lassen und würfeln. Den Wirsing putzen, vierteln, in Streifen schneiden und 3 Minuten in Salzwasser blanchieren, dann in einem Sieb abtropfen lassen.

5. Die Polenta auf einem Blech in den auf 225 Grad (Gas 4, Umluft 210 Grad) vorgeheizten Backofen auf die 2. Einschubleiste von unten setzen. Die Keulen abtropfen lassen, auf den Rost legen und auf der Leiste direkt über der Polenta in den Backofen schieben, so daß das heruntertropfende Fett die Polenta beträufelt. Die Keulen mit der restlichen Fenchelsaat bestreuen und in 20–25 Minuten knusprig braten.

6. Inzwischen den Knoblauch und die Tomaten im Bräter im Gänseschmorfond andünsten, den Wirsing unterrühren. Mit Salz und Pfeffer würzen und zugedeckt 20 Minuten garen. Die Polenta längs in kuchenförmige Stücke schneiden. Gänsekeulen mit Polenta und Wirsing auf vorgewärmten Tellern anrichten.

Zubereitungszeit: 1 Stunde, 45 Minuten
Pro Portion 51 g E, 92 g F, 54 g KH = 1316 kcal (5507 kJ)

Geflügel: 4 x ganz schnell und einfach

Oliven, getrocknete Tomaten und Salbei – diese Pfanne verbreitet den Duft des Südens.

Hähnchenpfanne mit Oliven

Für 2 Portionen:
350 g Kartoffeln
2 Hähnchenkeulen (600 g)
Salz, Pfeffer (a. d. Mühle)
3 El Öl, 2 Knoblauchzehen
12 Salbeiblätter
60 ml Weißwein
40 g getrocknete Tomaten (in Öl)
40 g schwarze Oliven (mit Stein)

1. Kartoffeln schälen, längs in Spalten schneiden. Keulen salzen und pfeffern. Im heißen Öl ca. 8 Min. braten.

2. Knoblauchscheiben mit Kartoffeln und Salbei in die Pfanne geben, rundum anbraten. Salzen und pfeffern. Wein und 60 ml Wasser zugießen und aufkochen. Zugedeckt 20 Minuten schmoren, ab und zu wenden.

3. Grob zerteilte Tomaten und Oliven dazugeben. Schmorfond ohne Deckel 3–4 Minuten einkochen.

Zubereitungszeit: 45 Minuten
Pro Portion 45 g E, 58 g F, 25 g KH = 810 kcal (3393 kJ)

Geflügelfleisch und Obst ist eine fruchtig-leichte Kombination. Hier sind es Pfirsich und Orange.

Hähnchensalat mit Pfirsichen

Für 2 Portionen:
200 g Hähnchenbrustfilet
Salz, Pfeffer (a. d. Mühle)
2 El Öl, 2 Pfirsiche
1 Orange (unbehandelt)
50 g Mayonnaise
50 g Crème fraîche
2 El Schnittlauch in Röllchen
Cayennepfeffer

1. Hähnchenfilet salzen, pfeffern und im heißen Öl rundum braun anbraten. Bei milder Hitze 10 Min. weiterbraten.

2. Pfirsiche überbrühen, abschrecken und häuten, halbieren und entsteinen. Hälften in Spalten schneiden. Von der Orange 1 Tl Schale fein abreiben. Dann schälen, Filets herausschneiden, Saft auffangen.

3. Mayonnaise mit Saft, Crème fraîche, Orangenschale und Schnittlauch verrühren. Mit Salz und Cayenne würzen. Fleischscheiben mit dem Obst anrichten. Die Mayonnaise darüber verteilen.

Zubereitungszeit: 30 Minuten
Pro Portion 27 g E, 37 g F, 20 g KH = 519 kcal (2172 kJ)

Eine stark vereinfachte Version des Gyros – aber deshalb nicht weniger wohlschmeckend.

Hähnchen-Gyros mit Tzatziki

Für 2 Portionen:
1/2 gegrilltes Hähnchen
2 Zwiebeln
1/2 Bund glatte Petersilie
1/2 Bund Dill, 1/2 Salatgurke
Salz, 1 Knoblauchzehe
75 g saure Sahne
75 g Crème fraîche
1 Tl Weißweinessig
Pfeffer, 1 El Olivenöl
Cayennepfeffer
1 Tl Kräuter der Provence

1. Hähnchenfleisch in Stücke zerteilen. Zwiebeln in Ringe schneiden. Kräuter getrennt hacken.

2. Gurke schälen, raspeln und salzen. Knoblauch pressen, mit Sahne, Crème fraîche, Dill und Essig verrühren. Gurkenraspel untermengen, salzen und pfeffern.

3. Hähnchenfleisch und Zwiebeln im heißen Öl braten. Mit Salz, Cayenne, Provence-Kräutern und der Petersilie würzen.

Zubereitungszeit: 30 Minuten
Pro Portion 52 g E, 42 g F, 8 g KH = 616 kcal (2578 kJ)

In Verbindung mit dem Öl entwickeln die Kräuter in der Marinade ihr ganzes Mittelmeer-Aroma.

Provenzalische Hähnchenkeulen

Für 2 Portionen:
1 Knoblauchzehe
1 El Rotweinessig
Salz, Pfeffer (a. d. Mühle)
1 El Kräuter der Provence
5 El Öl
4 Hähnchenkeulen (à 250 g)
Kopfsalatblätter

1. Knoblauch pellen und direkt in den Essig pressen. Salz, Pfeffer, Kräuter der Provence und 2 El Öl unterrühren. Die Keulen damit einpinseln und ca. 2 Stunden zugedeckt kalt stellen.

2. Das restliche Öl erhitzen. Die Keulen mit Küchenpapier leicht abtupfen und im Öl rundherum braun anbraten. Bei mittlerer Hitze offen von jeder Seite 10 Minuten weiterbraten.

3. Die Keulen auf Salatblättern anrichten. Dazu paßt Baguette.

Zubereitungszeit: 30 Minuten (plus Zeit zum Marinieren)
Pro Portion: 67 g E, 66 g F, 0 g KH =860 kcal (3595 kJ)

Desserts

Aus Früchten, Sahne und Eis zaubern Sie schnell die schönsten Desserts. Da sich alle Rezepte leicht verdoppeln lassen, freuen sich auch Ihre Gäste darüber.

Platz für Sauce

Die Birnen behalten noch besser ihre Form und sehen dekorativ aus, wenn Sie den Stiel dranlassen und nur das Kerngehäuse mit einem Messer oder einem Kugelausstecher herauslösen.

Birne Hélene

Für 2 Portionen:
2 feste Birnen (à ca. 200 g)
1 Zitrone (unbehandelt)
50 g Zucker
1/2 Zimtstange
50 g Halbbitter-Kuvertüre
50 ml Milch
20 g Butter
100 ml Schlagsahne
1/2 Pk. Vanillinzucker
1/4 l Vanilleeis
10 g Pistazien
8 dunkle Schokoladenblätter

1. Die Birnen schälen, dabei die Stiele stehen lassen. Die Birnen halbieren und die Kerngehäuse entfernen.

2. Die Zitrone heiß abwaschen und trockenreiben, die Schale dünn spiralförmig abschälen und den Saft auspressen. Zitronenschale und -saft mit 1/2 l Wasser, Zucker und der Zimtstange aufkochen. Die Birnenhälften hineingeben und zugedeckt bei milder Hitze 20–25 Minuten ziehen lassen. Die Birnenhälften dabei ab und zu wenden. Die Birnen im Sud auskühlen lassen.

3. Für die Sauce die Kuvertüre gleichmäßig fein hacken. In der Milch unter ständigem Rühren bei milder Hitze auflösen, bis eine glatte Masse entstanden ist. Die Butter in kleinen Stücken mit dem Schneebesen unterschlagen. Dann die Sauce auskühlen lassen.

4. Die Birnenhälften mit einer Schaumkelle aus dem Sud nehmen und auf Küchenpapier abtropfen lassen. Die Sahne mit dem Vanillinzucker steif schlagen und die Pistazien hacken. Die Birnenhälften mit der Schokoladensauce und dem Vanilleeis auf Tellern anrichten. Mit Sahnetupfern, Schokoladenblättchen und Pistazien garniert servieren.

Zubereitungszeit: 30 Minuten
(plus Kühlzeiten)
Pro Portion 9 g E, 34 g F,
82 g KH = 668 kcal (2795 kJ)

Gratinierter Beerencocktail

Für 2 Portionen:
200 g Beerencocktail (TK)
1–2 El Crème de Cassis (schwarzer Johannisbeerlikör)
1/2 Zitrone (unbehandelt)
2 Eier
30 g Puderzucker
50 g Magerquark
50 g Crème fraîche

1. Den Beerencocktail unaufgetaut mit dem Crème de Cassis marinieren. Die Zitrone heiß waschen, trockentupfen, die Schale abreiben und den Saft auspressen. Eier trennen. Eigelb mit Puderzucker, Zitronensaft und Zitronenschale schaumig aufschlagen.

2. Das Eiweiß steif schlagen. Zuerst den Quark und die Crème fraîche, dann den Eischnee mit einem Spatel unter die Eicreme heben.

3. Die Beeren auf 2 ofenfeste Förmchen verteilen. Quarkmasse darübergeben und unter dem vorgeheizten Grill auf der 2. Einschubleiste von oben 2–3 Minuten gratinieren.

Zubereitungszeit: 30 Minuten
Pro Portion 10 g E, 12 g F, 29 g KH = 276 kcal (1155 kJ)

Mousse au chocolat

Für 2 Portionen:
60 g Halbbitter-Kuvertüre
25 g Vollmilch-Kuvertüre
3 Eigelb
25 ml Milch
200 ml Schlagsahne
150 g frische Früchte (z. B. Pflaumen, Erdbeeren, Brombeeren, schwarze und rote Johannisbeeren)
2 El Puderzucker

1. Für die Schokoladenstreusel 10 g Halbbitter-Kuvertüre mit einem Küchenmesser abschaben und beiseite stellen.

2. Beide Kuvertüresorten mit einem Messer fein und gleichmäßig hacken. Dann in einem Topf über einem mäßig heißen Wasserbad schmelzen. Das Eigelb verquirlen. Die Milch in einem kleinen Topf aufkochen und nach und nach unter das Eigelb rühren.

3. Die Eiermilch unter die Kuvertüre rühren und auskühlen lassen. Die Sahne steif schlagen und mit einem Schneebesen gleichmäßig unterheben, dann mindestens 3 Stunden kalt stellen.

4. Die Früchte putzen, waschen und in dünne Spalten oder Scheiben schneiden. 2 Teller mit Puderzucker bestäuben. Die Mousse mit einem in heißes Wasser getauchten Eßlöffel zu Nocken abstechen und mit den Früchten anrichten. Mit den Schokoladenstreuseln garniert servieren.

Zubereitungszeit: 30 Minuten (plus Kühlzeit)
Pro Portion 14 g E, 47 g F, 45 g KH = 659 kcal (2759 kJ)

Leichter

Die ganz klassische Mousse au chocolat wird mit Eigelb und Butter zubereitet. Doch in den Zeiten der schlanken Desserts wurden Mousse-Rezepte entwickelt, bei denen Milch oder Joghurt die gehaltvolle Butter ersetzen.

Joghurtmousse mit Erdbeeren

Für 2–3 Portionen:
1/2 Vanilleschote
2 Blatt weiße Gelatine
1 Becher Magermilchjoghurt (150 g)
40 g Crème fraîche
60 g Puderzucker
2 El Zitronensaft
2 El Grand Marnier (Orangenlikör)
75 ml Schlagsahne, 1 Eiweiß
250 g Erdbeeren, 50 g Baiser
15 g Halbbitter-Kuvertüre
2 Zweige Pfefferminze

1. Die Vanilleschote der Länge nach aufschneiden und das Mark herauskratzen. Die Gelatine in kaltem Wasser einweichen. Joghurt, Crème fraîche, 30 g Puderzucker, Vanillemark und Zitronensaft glatt verrühren. Die Gelatine gut ausdrücken und im Grand Marnier bei milder Hitze auflösen. 1 El von der Joghurtmasse mit der aufgelösten Gelatine verrühren, damit die unterschiedliche Temperatur angeglichen wird. Die Gelatine sehr schnell mit dem Schneebesen unter die Joghurtmasse rühren, damit sich eine homogene Masse bildet.

2. Sahne und Eiweiß getrennt steif schlagen. Zuerst die Sahne, dann den Eischnee in Etappen mit einem Spatel untermischen. Die Joghurtmousse mindestens 6 Stunden kalt stellen.

3. Die Erdbeeren putzen und waschen. 125 g Erdbeeren und den restlichen Puderzucker mit dem Schneidstab fein pürieren. Püree kalt stellen.

4. Restliche Erdbeeren halbieren. Baiser in Stücke schneiden. Kuvertüre mit einem Sparschäler in dünne Späne schaben.

5. Zum Servieren von der Joghurtmousse mit einem in heißes Wasser getauchten Eßlöffel ovale Klößchen abstechen und auf einem Dessertteller anrichten. Mit dem Püree umgießen, Erdbeeren, Schokoladenspäne und Baiserstücke dazulegen und mit Minzezweigen garnieren.

Zubereitungszeit: 30 Minuten (plus Kühlzeit)
Pro Portion (bei 3 Portionen) 8 g E, 14 g F, 50 g KH = 377 kcal (1578 kJ)

Dekorativ

So entstehen ovale Nocken: Einen Eßlöffel in heißes Wasser tauchen und im Halbkreis durch die Mousse in der Schüssel ziehen.

So entstehen feine Späne: Kuvertüre für einige Zeit in den Kühlschrank legen, damit sie fest ist. Mit dem Sparschäler die Späne abziehen.

Crêpes Suzette

Für 2 Portionen:
65 g Mehl
1 Ei, Salz
1/8 l Milch, 1 El Öl
1 Orange (unbehandelt)
40 g Puderzucker
40 g Butter
150 ml Orangensaft
1 El Zitronensaft
2 El Grand Marnier (Orangenlikör)
1 El Cognac (oder Weinbrand)
2 Zweige Zitronenmelisse

1. Mehl, Ei, 1 Prise Salz und Milch zu einem flüssigen Teig verrühren. 30 Minuten ausquellen lassen.

2. Eine Pfanne erhitzen, dünn mit Öl auspinseln und nach und nach 4 Crêpes darin backen. Jeden Crêpe zweimal übereinanderklappen, so daß ein Dreieck entsteht.

3. Die Orange heiß abwaschen, trockentupfen und 1 Tl Schale fein abreiben. Dann die Orange so schälen, daß die weiße Haut vollständig entfernt ist. Die Orangenfilets zwischen den Trennhäuten herausschneiden.

4. Den Puderzucker in einer Pfanne bei mäßiger Hitze zu goldbraunem Karamel schmelzen. Die Butter darin aufschäumen lassen. Orangenschale, Orangen- und Zitronensaft zugeben und bei starker Hitze einkochen. Die Crêpes in die Pfanne legen und 2 Minuten im Orangenkaramel ziehen lassen. Orangenlikör und Cognac darübergießen und mit einem Streichholz vorsichtig anzünden. Die flambierten Crêpes mit der Sauce, den Orangenfilets und abgezupften Melisseblättchen garniert servieren.

Zubereitungszeit: 30 Minuten
(plus Zeit zum Quellen)
Pro Portion 11 g E, 11 g F,
65 g KH = 438 kcal (1835 kJ)

Crêpes: backen, falten und flambieren

Die Crêpes erst zur Hälfte, dann noch einmal umklappen, damit Dreiecke entstehen. Mit der Spitze zur Mitte in die Pfanne legen und im Orangenkaramel ziehen lassen. Mit Orangenlikör und Cognac flambieren.

Zitronenquark mit Karamel-Aprikosen

Für 2–3 Portionen:
75 g Zucker
375 g Sahnequark
1/2 Becher Sahnejoghurt (75 g)
1 Zitrone (unbehandelt)
1 Eiweiß
1/2 Tl Safran (gemahlen)
250 g frische Aprikosen
2 El Aprikosengeist

1. Den Zucker mit 75 ml Wasser in einem Topf erhitzen und 3 Minuten sprudelnd kochen lassen. Dann vom Herd nehmen. Quark und Joghurt mit 3 El Zuckersirup verrühren.

2. Die Zitrone heiß abwaschen, trockentupfen, die Schale fein abreiben und den Saft auspressen. 2 El Saft und die Zitronenschale unter den Quark rühren.

3. Das Eiweiß mit dem Safran zu steifem Schnee schlagen, mit dem Schneebesen unter den Quark ziehen. Den Zitronenquark kalt stellen.

4. Die Aprikosen halbieren und entsteinen. Kurz in sprudelnd kochendes Wasser legen. Dann abschrecken, häuten und in Spalten schneiden. Mit dem restlichen Zitronensaft und dem Aprikosengeist beträufeln.

5. Den restlichen Zuckersirup bei milder Hitze, ohne Rühren, zu hellbraunem Karamel einkochen.

6. Die Hälfte des Zitronenquarks in Dessertschalen verteilen, etwa 2/3 der Aprikosen darüberschichten und mit etwas Karamel beträufeln. Dann den restlichen Quark darübergeben, mit den restlichen Aprikosen garnieren und mit dem flüssigen Karamel beträufeln. Entweder sofort servieren oder kühl stellen.

Zubereitungszeit: 45 Minuten
Pro Portion (bei 3 Portionen) 16 g E, 17 g F, 39 g KH = 401 kcal (1680 kJ)

Feines Aroma für die Früchte

Die Aprikosen nehmen das Aroma von Zitronensaft und Aprikosengeist besser auf, wenn man sie entsteint und die Haut abzieht.

Himbeergrütze mit Schneeklößchen

Für 2 Portionen:
1/8 l Weißwein (trocken)
200 ml Himbeersirup
25 g Speisestärke
250 g Himbeeren (TK)
1 El Essig
1 Eiweiß
1 Tl Puderzucker
1 Zweig Zitronenmelisse

1. Den Weißwein, 100 ml Wasser und den Himbeersirup aufkochen. Die Speisestärke in 25 ml Wasser anrühren und dazugießen, weiterkochen, bis die Flüssigkeit klar geworden ist. In eine Schüssel füllen und die gefrorenen Himbeeren untermischen. Die Himbeergrütze kalt stellen.

2. 1 l Wasser mit dem Essig zum Kochen bringen. Das Eiweiß zu steifem Schnee schlagen, den Puderzucker dabei nach und nach einrieseln lassen. Mit 2 Teelöffeln Klößchen abstechen. Die Schneeklößchen ins leicht siedende Essigwasser setzen und zugedeckt 5 Minuten ziehen lassen. Mit einer Schaumkelle herausnehmen, auf Küchenpapier setzen und abtropfen lassen. Die Himbeergrütze auf Desserttellern anrichten und die Schneeklößchen vorsichtig daraufsetzen. Mit Melisseblättchen garnieren.

Zubereitungszeit: 45 Minuten
Pro Portion 2 g E, 0 g F,
85 g KH = 381 kcal (1595 kJ)

Essigwasser

In dem mit Essig gesäuerten Wasser bekommen die Klöße ihre feste Konsistenz.

Orangengelee mit Mandelsauce

Für 2 Portionen:
3 Blatt weiße Gelatine
250 ml Orangensaft
1 Orange
20 g Mandelblättchen
1/2 Pk. Vanille-Dessert-Sauce
1/8 l Milch
1–2 Tropfen Bittermandelaroma
3 Zweige Zitronenmelisse

1. Gelatine ca. 15 Minuten in reichlich kaltem Wasser einweichen. Dann ausdrücken und in 2 El Orangensaft bei ganz milder Hitze auflösen.

2. Die aufgelöste Gelatine schnell in den restlichen Orangensaft einrühren. Zwei kleine Portionspuddingförmchen mit kaltem Wasser ausspülen und die Orangen-Gelatine-Mischung hineingießen. Die Förmchen über Nacht in den Kühlschrank stellen.

3. Die Orange wie einen Apfel schälen, dabei die weiße Haut vollständig entfernen. Dann die Orangenfilets aus den Trennwänden schneiden. Die Mandelblättchen in einer schweren Pfanne ohne Fett unter Wenden goldbraun rösten, zum Abkühlen auf einen Teller geben.

4. Die Vanille-Dessert-Sauce nach Packungsanweisung mit der Milch anrühren und mit dem Bittermandelaroma würzen.

5. Das Orangengelee am oberen Rand vorsichtig mit einem spitzen Messer lösen. Die Portionsförmchen kurz in heißes Wasser tauchen und das Gelee auf Teller stürzen. Mit der Mandelsauce, den gerösteten Mandeln und den Orangenfilets anrichten. Zum Servieren mit ein paar Blättchen Zitronenmelisse garnieren.

Zubereitungszeit: 30 Minuten (plus Kühlzeit)
Pro Portion 9 g E, 8 g F,
27 g KH = 223 kcal (934 kJ)

Saft und Frucht

Die Förmchen mit geripptem Rand sehen sehr dekorativ aus. Sie können statt dessen aber auch Tassen nehmen.

Die weiße Haut unter der Orangenschale schmeckt bitter. Sie muß vor dem Filieren vollständig entfernt werden.

Ananas-Beignets

Für 2 Portionen:
1/8 l Milch, 50 g Grieß
1/2 frische Ananas (oder 6 Scheiben ungezuckerte Ananas aus der Dose)
50 ml Schlagsahne
1/2 Pk. Vanillinzucker
1 Ei, 2 El Zucker
50 g Butterschmalz
1 El Mandeln (gehackt)

1. Die Milch aufkochen, 25 g Grieß einrühren und bei milder Hitze ausquellen lassen. Die Ananas in Scheiben schneiden, schälen und den Strunk herausstechen. Die Sahne mit dem Vanillinzucker steif schlagen und kühl stellen.

2. Ei und Zucker mit dem Schneebesen schaumig schlagen und unter die Grießmasse rühren.

3. Die Ananasscheiben kurz mit Küchenpapier abtupfen. Die Scheiben zuerst im restlichen Grieß wenden, dann von beiden Seiten in den Grießteig drücken. Nacheinander jeweils 25 g Butterschmalz in einer Pfanne erhitzen und die Ananasscheiben in 2 Portionen bei nicht zu starker Hitze von jeder Seite 2 Minuten goldbraun braten. Mit der Sahne und den Mandeln servieren.

Zubereitungszeit: 30 Minuten
Pro Portion 11 g E, 41 g F,
56 g KH = 637 kcal (2666 kJ)

Scheiben

Wenn Sie die Ananas erst in Scheiben schneiden, läßt sich die Schale leichter entfernen.

Den ungenießbaren Strunk in der Mitte entfernen Sie am besten mit einem Ausstecher.

Desserts: 4 x ganz schnell und einfach

Dieser Fruchtsalat ist auch eine gesunde Bereicherung für Ihr Frühstück am Sonntag.

Melonen mit Honigjoghurt

Für 2–3 Portionen:
25 g Haselnußkerne (gehackt)
1/2 Tl Zimt
300 g griechischer Sahnejoghurt (10 % Fett, ersatzweise je 150 g Sahnejoghurt und -quark)
3 El Akazienhonig
1/2 Galiamelone
1/2 Honigmelone

1. Die Nüsse in einer Pfanne ohne Fett rösten, mit dem Zimt mischen und auskühlen lassen. Joghurt mit 1 El Honig verrühren und kalt stellen.

2. Melonen entkernen und in Spalten schneiden. Das Fruchtfleisch in Stücken von der Schale schneiden. Mit dem Joghurt anrichten und dem restlichen Honig beträufeln. Mit den Zimtnüssen servieren.

Zubereitungszeit: 30 Minuten
Pro Portion (bei 3 Portionen) 5 g E, 15 g F, 29 g KH = 277 kcal (1167 kJ)

Diese Eisbombe schmeckt auch prima mit Zwetschgen- oder Pflaumenkompott aus dem Glas.

Zimteisbombe mit Sauerkirschen

Für 2–3 Portionen:
1/2 l Vanilleeis
100 ml Schlagsahne
2 El Zimt
1/2 Pk. Vanillezucker
1/8 l Rotwein, 50 g Zucker
1 gestr. El Speisestärke
250 g Sauerkirschen (TK)
15 g Pistazien (gehackt)

1. Eis ca. 30 Minuten im Kühlschrank antauen, dann mit dem Schneidstab pürieren. Sahne mit Zimt und Vanillezucker steif schlagen, unterziehen. Eis in eine Form (600 ml Inhalt) füllen, ca. 3 Stunden einfrieren.

2. Wein mit Zucker aufkochen. Mit der angerührten Stärke binden. Kirschen unaufgetaut hineingeben.

3. Rand der Form mit einem Messer lösen. Form kurz in heißes Wasser tauchen und stürzen. Eis in Scheiben schneiden, mit Kompott und Pistazien servieren.

Zubereitungszeit: 30 Minuten (plus Gefrierzeit)
Pro Portion (bei 3 Portionen) 5 g E, 15 g F, 56 g KH = 401 kcal (1681 kJ)

Den Kartoffelteig zum Kaltstellen in Klarsichtfolie wickeln, damit er keine Haut bekommt.

Quarktaler mit Zimt

Für 2 Portionen:
180 g Kartoffeln (mehligkochend)
1 Eigelb
15 g Zucker
1/2 Pk. Vanillinzucker
1/2 Tl fein abgeriebene Schale einer Zitrone (unbehandelt)
50 g Magerquark
25 g Mehl, 1 Tl Backpulver
20 g Butterschmalz
1 El Puderzucker, Zimt

1. Kartoffeln kochen, pellen und durch die Kartoffelpresse drücken. Eigelb, Zucker, Vanillinzucker und Zitronenschale schaumig rühren. Quark und Kartoffeln unterrühren. Mehl und Backpulver unterkneten. 30 Minuten kalt stellen.

2. Mit bemehlten Händen zu 6 Talern formen. Im heißen Butterschmalz von jeder Seite 3–4 Minuten braten. Mit Puderzucker und Zimt bestreuen. Dazu passen frische Früchte und Schlagsahne.

Zubereitungszeit: 1 Stunde
Pro Portion 8 g E, 14 g F, 35 g KH = 302 kcal (1267 kJ)

Tolle Kombination: eiskalte Trauben und lauwarme Zabaione, der italienische Weinschaum.

Zabaione-Trauben

Für 2 Portionen:
150 g grüne und blaue Trauben
2 Eigelb
1 El Zucker
30 ml Marsala (Likörwein)
1 Zweig Zitronenmelisse

1. Trauben waschen, von den Stielen zupfen, halbieren und entkernen. Dann die Früchte ins Gefrierfach stellen.

2. Eigelb, Zucker und Marsala im mäßig heißen Wasserbad mit dem Schneebesen zu einer cremig-schaumigen Masse aufschlagen. Die Trauben auf Tellern anrichten, mit der lauwarmen Zabaione begießen. Mit Zitronenmelisse garnieren und sofort servieren.

Zubereitungszeit: 30 Minuten
Pro Portion 5 g E, 8 g F, 23 g KH = 205 kcal (858 kJ)

Frisch und leicht: Früh

Vorspeise Salat aus weißem und grünem Spargel in Safran-Vinaigrette mit gebratenen Seeteufelscheiber

lingsmenü

Die zartesten jungen Gemüse, frische Kräuter, dicke saftige Erdbeeren – dieses Menü wartet mit allem auf, was der Markt im Frühjahr kulinarisch zu bieten hat.

Hauptgericht Kalbsfilet mit buntem Frühlingsgemüse, Kräuterbutter und Gnocchi. *Rezepte auf Seite 145*

Dessert Tiramisu-Variante aus Mascarponecreme und Erdbeeren

Erdbeer-Tiramisu

Zum Foto links

Für 2 Portionen:
400 g Erdbeeren
70 g Puderzucker
2 1/2 Blatt weiße Gelatine
1 Vanilleschote
250 g Mascarpone
75 g Sahnejoghurt
50 g Löffelbiskuits
80 ml Kirschwasser
1 El Pistazienkerne
1 Zweig Zitronenmelisse

1. Die Erdbeeren waschen und putzen. 150 g Erdbeeren mit 20 g Puderzucker pürieren. 1/2 Blatt weiße Gelatine in kaltem Wasser einweichen, dann tropfnaß bei milder Hitze auflösen: Das geht am besten, wenn Sie die Gelatine in eine Suppenkelle geben und über einem Topf mit kochendem Wasser auflösen. Dann die flüssige Gelatine unter das Erdbeermark rühren und kalt stellen.

2. Die Vanilleschote längs aufschlitzen und das Mark herauskratzen. Mascarpone, Vanillemark, Joghurt und den restlichen Puderzucker langsam mit dem Schneebesen glattrühren. Die restliche Gelatine kalt einweichen und tropfnaß bei milder Hitze auflösen. Etwas abkühlen lassen und vorsichtig unter die Mascarponecreme rühren. 200 g Erdbeeren in 5 mm kleine Würfel schneiden und mit einem Spatel unter die Creme mischen.

3. Die Löffelbiskuits in 2 cm lange Stücke brechen. Die Hälfte davon in zwei Dessertschalen verteilen und mit der Hälfte des Kirschwassers beträufeln. Zuerst die Hälfte der Mascarponecreme, dann die Hälfte des Erdbeermarks darauf verteilen. Die restlichen Löffelbiskuits daraufschichten und mit dem restlichen Kirschwasser beträufeln. Mit der restlichen Creme bestreichen und etwa 2 Stunden kalt stellen.

4. Die restlichen Erdbeeren längs halbieren. Die Pistazien grob hacken. Die Creme mit den Erdbeeren, Pistazien und Melisseblättchen garnieren und das restliche Erdbeermark dazu servieren.

Zubereitungszeit: 45 Minuten (plus Kühlzeit)
Pro Portion 22 g E, 47 g F, 81 g KH = 915 kcal (3835 kJ)

Spargelsalat mit gebratenem Seeteufel

Zum Foto auf den Seiten 142/143

Für 2 Portionen:
125 g weißer Spargel
125 g grüner Spargel
Salz
1–2 El Sherry-Essig
Zucker
weißer Pfeffer (a. d. Mühle)
1 Döschen Safranpulver
3 El Olivenöl
15 g Kapernäpfel
4 Seeteufelscheiben (à 40–50 g, mit Mittelgräte, vom Fischhändler gehäutet)
2 El Öl
1 Zweig Basilikum

1. Den weißen Spargel vollständig, den grünen Spargel nur am unteren Drittel schälen, die holzigen Enden abschneiden. Die Spargelstangen der Länge nach halbieren, dann schräg in 4 cm lange Stücke schneiden.

2. Den weißen Spargel 5 Minuten in Salzwasser garen. Den grünen Spargel nach 2 Minuten dazugeben. Inzwischen Essig, 1 Prise Zucker, Salz, Pfeffer, Safran und Olivenöl verrühren. Den Spargel aus dem Kochwasser nehmen, kurz abtropfen lassen und mit der Vinaigrette mischen.

3. Die Kapernäpfel entstielen, die größeren längs halbieren, dann unter den Spargelsalat mischen.

4. Die Seeteufelscheiben salzen und pfeffern. Das Öl erhitzen und den Fisch darin bei starker Hitze auf jeder Seite ungefähr 2 Minuten kräftig braten.

5. Inzwischen den Salat auf Tellern anrichten, die Seeteufelscheiben darauf verteilen. Mit Basilikumblättchen garniert servieren.

Zubereitungszeit: 30 Minuten
Pro Portion 14 g E, 25 g F, 7 g KH = 310 kcal (1299 kJ)

Kalbsfilet mit Frühlingsgemüse

Zum Foto auf den Seiten 142/143

Für 2 Portionen:
70 g weiche Butter
Salz
weißer Pfeffer (a. d. Mühle)
1 Tl fein abgeriebene Schale von einer Zitrone (unbehandelt), 1/2 Knoblauchzehe
3 Zweige Kerbel
3 Stiele glatte Petersilie
5 Estragonblätter
1 El Schnittlauch (in Röllchen)
125 g Kohlrabi
100 g junge Möhren
50 g Zuckerschoten
100 g Mairübchen
100 g schlanke Frühlingszwiebeln
Zucker
2 Kalbsfiletmedaillons (à 200 g), 2 El Öl

1. 40 g Butter mit Salz, Pfeffer, Zitronenschale und durchgepreßtem Knoblauch mit den Quirlen des Handrührers schaumig rühren, bis die Butter weiß wird. Einige Kerbelblättchen für die Dekoration beiseite legen, die anderen fein hacken. Petersilie und Estragon ebenfalls fein hacken. Die Kräuter mit den Schnittlauchröllchen unter die Butter mischen und in den Kühlschrank stellen.

2. Den Kohlrabi schälen, halbieren und in Spalten schneiden. Die Möhren schälen und das Grün abschneiden. Die Zuckerschoten entfädeln. Die Mairübchen putzen, dabei etwas Grün stehen lassen. Die Frühlingszwiebeln putzen, die zarten und hellgrünen Pflanzenteile der Länge nach in 5 cm lange Stücke schneiden.

3. Kohlrabi und Mairübchen in der restlichen Butter andünsten, mit Zucker, Salz und Pfeffer würzen. 3 El Wasser dazugeben und im geschlossenen Topf 10–12 Minuten bei mittlerer Hitze dünsten. Nach 4 Minuten die Möhren dazugeben. 3 Minuten vor Ende der Garzeit die Frühlingszwiebeln und die Zuckerschoten zum übrigen Gemüse geben. Eventuell noch etwas Wasser nachgießen.

4. Die Medaillons etwas flacher drücken und rundum mit Küchengarn in Form binden. Salzen, pfeffern und im heißen Öl bei starker Hitze 2–3 Minuten anbraten.

5. Die Medaillons in eine Auflaufform setzen und das Gemüse darum verteilen. Im vorgeheizten Backofen bei 220 Grad (Gas 3–4, Umluft 190 Grad) auf der 2. Einschubleiste von unten 15 Minuten garen. Nach 10 Minuten die Kräuterbutter in kleinen Stükken auf dem Fleisch und dem Gemüse verteilen.

6. Zum Servieren das Gemüse mit den Medaillons auf vorgewärmten Tellern anrichten und mit dem restlichen Kerbel dekorieren. Dazu passen gebratene Gnocchi.

Zubereitungszeit: 1 Stunde
Pro Portion 43 g E, 46 g F, 10 g KH=624 kcal (2615 kJ)

Frühlingsmenü

Aperitif: Bellini aus Champagner und weißem Pfirsichpüree

✶

Spargelsalat in Safran-Vinaigrette mit gebratenem Seeteufel

✶

Kalbsfilet mit Frühlingsgemüse und gebratenen Gnocchi

✶

Grüner Veltliner

✶

Erdbeer-Tiramisu

✶

Espresso

Gebratene Gnocchi

Zum Foto auf den Seiten 142/143

Für 2 Portionen:
150 g Kartoffeln (mehligkochend)
Salz, 25 g Butter
1 Eigelb, 25 g Speisestärke
weißer Pfeffer (a. d. Mühle)
Mehl zum Bearbeiten

1. Die Kartoffeln mit der Schale in Salzwasser gar kochen, abgießen, pellen und durch die Kartoffelpresse drücken. 10 g Butter bräunen. Braune Butter, Eigelb und Speisestärke mit einem Holzlöffel untermischen, dabei salzen und pfeffern. 1 Stunde bei Zimmertemperatur ruhenlassen.

2. Den Teig auf der bemehlten Arbeitsfläche zu einer 24 cm langen Rolle formen und in 12 Scheiben schneiden. Zu Kugeln formen und mit der Gabel flachdrücken.

3. Die Gnocchi in kochendes Salzwasser gleiten lassen, den Topf etwas von der Herdplatte ziehen. Sobald die Gnocchi aufsteigen, noch 8 Minuten ziehen lassen.

4. Die Gnocchi in gesalzenem Wasser abschrecken und abtropfen lassen. In der restlichen Butter goldbraun braten.

Zubereitungszeit: 45 Minuten (plus Ruhezeit)
Pro Portion 4 g E, 15 g F, 25 g KH = 248 kcal (1039 kJ)

Duft und Aroma: Somm

Vorspeise Erfrischender Salat ausTomaten, Frühlingszwiebeln, Basilikum, Lachsfilet und Riesengarnelen

ermenü

Neue Kartoffeln, vollreife Tomaten, aromatische Pfifferlinge und Pflaumen – das sind nur einige Köstlichkeiten, die die Mitte des Jahres bietet. Hier werden sie perfekt kombiniert.

Hauptgericht Würzige Rippchen mit Paprika, Pfifferlingen und Baked potatoes. *Rezepte auf Seite 149*

Dessert Harmonische Kombination: Pflaumen, Armagnac und Vanille

Pflaumensorbet mit Armagnac-Vanille-Sauce

Zum Foto links

Für 2 Portionen:
Vanillesauce
1/2 Vanilleschote
100 ml Schlagsahne
2 Eigelb
1 El Armagnac
20 g Zucker
Sorbet
1 Blatt weiße Gelatine
50 g Zucker
250 g Pflaumen
1 El Zitronensaft, Zimt
4 Armagnacpflaumen
Minzeblättchen
zum Garnieren

1. Für die Sauce die Vanilleschote längs aufschneiden, das Mark herauskratzen und mit der Sahne aufkochen. Inzwischen in einem Schlagkessel Eigelb, Armagnac und Zucker 5–7 Minuten schaumig schlagen und in einen Topf geben. Die heiße Sahne langsam dazugeben, dabei ständig mit einem Kochlöffel rühren. Bei mittlerer Hitze unter ständigem Rühren so lange erhitzen, bis die Sauce dicklich wird (zur Rose abziehen, die Flüssigkeit darf nicht kochen). Durch ein feines Sieb gießen, etwas abkühlen lassen und kalt stellen.

2. Für das Sorbet die Gelatine in kaltem Wasser einweichen. Den Zucker mit 1 El Wasser 3 Minuten offen einkochen, bis die Masse sirupartig ist. Die Pflaumen entsteinen, in kleine Stücke schneiden und in der Küchenmaschine fein pürieren. Das Pflaumenpüree durch ein Sieb streichen. Zuckersirup, Zitronensaft und 1 Messerspitze Zimt unterrühren. Die Gelatine bei mittlerer Hitze auflösen und langsam unter die Sorbetmasse rühren. Die Masse in eine Eismaschine geben und 20–25 Minuten cremig kaltrühren.

3. Das Sorbet in einen Spritzbeutel mit großer Sterntülle füllen und auf vorgekühlte Teller spritzen. Mit der Vanillesauce umgießen, mit Armagnacpflaumen und Minzeblättchen garnieren und mit etwas Zimt bestäuben.

Zubereitungszeit: 1 Stunde
Pro Portion 7 g E, 23 g F,
55 g KH = 543 kcal (2275 kJ)

Tomatensalat mit Lachs und Garnelen

Zum Foto auf den Seiten 146/147

Für 2 Portionen:
300 g Tomaten
1 Bund Frühlingszwiebeln
75 ml Öl
Salz
1/2 Bund Estragon
4 Riesengarnelen (à 30 g, ohne Kopf und Schale)
200 g Lachsfilet (Mittelstück)
3–4 El Sherry-Essig
Pfeffer (a. d. Mühle)
Zucker
1/2 Bund Basilikum

---

1. Die Tomaten vierteln, entkernen und in Spalten schneiden. Die Frühlingszwiebeln putzen und in 4 cm lange Stücke schneiden. 1 El Öl in einer Pfanne stark erhitzen. Die Frühlingszwiebeln unter Wenden darin anbraten, salzen und beiseite stellen. Estragon, bis auf einen Zweig, abzupfen und hacken.

2. Die Riesengarnelen entdarmen, kalt abspülen und trockentupfen. Das Lachsfilet, falls nötig, entgräten und quer in 2 gleich große Stücke schneiden. Eine feuerfeste Form mit Alufolie auskleiden. Die Garnelen und die Lachsstücke nebeneinander hineinlegen.

3. Aus Essig, Salz, Pfeffer, 1 Prise Zucker und dem restlichen Öl eine Vinaigrette rühren. Die Hälfte davon über die Garnelen und den Fisch geben. 10 Minuten marinieren. Den Estragonzweig auf den Fisch legen und die Form fest mit Alufolie verschließen. Im vorgeheizten Backofen bei 220 Grad (Gas 3–4, Umluft 200 Grad) auf der 2. Einschubleiste von unten 10 Minuten garen.

4. Die restliche Vinaigrette mit gehacktem Estragon, Tomaten und Frühlingszwiebeln mischen. Basilikumblättchen abzupfen und darunterheben. Den Salat auf Tellern anrichten. Fisch und Garnelen aus der Folie nehmen, auf den Salat setzen und mit dem warmen Sud begießen. Dazu paßt geröstetes Baguette.

Zubereitungszeit: 45 Minuten
Pro Portion 33 g E, 34 g F, 11 g KH = 484 kcal (2025 kJ)

Geschmorte Schweinerippchen mit Pfifferlingen

Zum Foto auf den Seiten 146/147

Für 2 Portionen:
1 El Butter
1 Tl Mehl
100 g kleine Schalotten
4–5 Knoblauchzehen, 2 El Öl
600 g Bauchrippchen (vom Schlachter auf etwa 10 cm Länge gehackt)
Salz, Pfeffer (a. d. Mühle)
1 Lorbeerblatt
2 Wacholderbeeren
1 kleine Chilischote
75 ml Weißwein (trocken)
200 ml Kalbsfond (a. d. Glas)
1 rote Paprikaschote
200 g Pfifferlinge
1/2 Bund Thymian

---

1. Die Hälfte der Butter und das Mehl zu Mehlbutter verkneten, zu kleinen Kugeln formen und ins Gefriergerät legen. Schalotten und Knoblauch pellen. Die restliche Butter und 1 El Öl in einem Bräter erhitzen. Die Rippchen mit Salz und Pfeffer würzen und im heißen Fett von beiden Seiten goldbraun anbraten, dann herausnehmen.

2. Schalotten, Knoblauch, Lorbeerblatt, Wacholder und Chilischote im Bratfett andünsten. Mit Weißwein ablöschen und dicklich einkochen. Den Kalbsfond dazugeben und aufkochen lassen. Rippchen in den Bräter legen und zugedeckt 1 Stunde, 15 Minuten bei mittlerer Hitze garen. Zwischendurch einmal wenden.

3. Inzwischen die Paprikaschote halbieren, entkernen, putzen, vierteln und mit der Hautseite nach oben auf ein Backblech legen. Unter dem heißen Grill auf der 2. Einschubleiste von oben 7–8 Minuten backen, bis die Haut schwärzliche Blasen wirft. Mit einem feuchten Tuch bedekken und abkühlen lassen. Die Haut abziehen und die Paprika in mittelgroße Rauten schneiden.

4. Die Pfifferlinge mit einem Tuch oder Pinsel säubern, Stielansätze und dunkle Stellen entfernen. Die Thymianblättchen abzupfen. Das restliche Öl erhitzen und die Pfifferlinge kurz darin andünsten, mit Salz und Pfeffer würzen. Den Thymian unterheben und beiseite stellen.

5. Rippchen, Schalotten und Knoblauch mit einer Schaumkelle aus dem Bräter nehmen und warm halten. Lorbeer und Chilischote entfernen. Die Mehlbutterkugeln nacheinander in die kochende Sauce rühren. Paprikarauten, Pfifferlinge, Rippchen, Knoblauch und Schalotten hineingeben und weitere 5 Minuten zugedeckt garen.

6. Rippchen und Gemüse auf Tellern anrichten und mit den Baked potatoes servieren.

Zubereitungszeit: 1 Stunde, 45 Minuten
Pro Portion 33 g E, 33 g F, 10 g KH = 477 kcal (1997 kJ)

Sommermenü

Aperitif: ein weißer Macon Villages

✶

Tomatensalat mit Lachs und Garnelen

✶

Geschmorte Schweinerippchen mit Pfifferlingen, Baked Potatoes mit Käse

✶

Pflaumensorbet mit Armagnac-Vanille-Sauce

✶

Espresso und Pineau des Charentes

Baked potatoes mit Käse

Zum Foto auf den Seiten 146/147

Für 2 Portionen:
2 möglichst gleich große Kartoffeln (à 130 g)
Salz, 50 g Staudensellerie
10 g Butter
Pfeffer (a. d. Mühle)
Muskatnuß
20–30 g mittelalter Gouda

---

1. Die Kartoffeln waschen und mit der Schale 20 Minuten in Salzwasser kochen. Abgießen, kalt abspülen, etwas abkühlen lassen und längs halbieren. Die Kartoffelhälften mit einem Löffel aushöhlen, dabei einen 1/2 cm dicken Rand stehen lassen. Die Masse durch eine Kartoffelpresse drücken.

2. Den Staudensellerie putzen, fein würfeln und 3 Minuten in Salzwasser blanchieren, abschrecken und abtropfen lassen. Die Butter aufschäumen und mit dem Kartoffelbrei und Sellerie mischen. Herzhaft mit Salz, Pfeffer und frisch geriebenem Muskat würzen.

3. Die Kartoffelhälften auf ein Backblech setzen und mit der Kartoffelmasse füllen. Den Käse fein raspeln und auf die Kartoffeln verteilen. Im vorgeheizten Ofen bei 220 Grad (Gas 3–4, Umluft 200 Grad) auf der 2. Einschubleiste von oben 10 Minuten goldbraun überbacken. Zu den Rippchen servieren.

Zubereitungszeit: 45 Minuten
Pro Portion 4 g E, 6 g F, 16 g KH = 143 kcal (594 kJ)

Herzhaft-elegant: Herb

Vorspeise In Weißweinessig und Walnußöl sanft marinierte Kürbisspalten mit Feldsalat und Rauchfleisch

stmenü

Weinlese, Erntedankfest – mit seiner verschwenderischen Fülle ist der Herbst die schönste Zeit für Sinnenmenschen. Kürbis, Artischocken und Feigen in diesem Menü sind nur ein paar Beispiele.

Hauptgericht Steinbutt mit Artischockenböden, Kartoffeln und Zitronenbutter. Rezepte auf Seite 153

Dessert *Cremige Mousse mit Mandelstückchen und Rotweinfeigen*

Cantuccini-Mousse mit Barolo-Feigen

Zum Foto links

Für 2 Portionen:
375 ml Barolo (ital. Rotwein)
250 ml roter Portwein
75 g Zucker, 1 Tl Speisestärke
4 frische Feigen (à 35 g)
25 g Mandelkerne (mit Haut)
80 g weiße Kuvertüre
1 Blatt weiße Gelatine
175 ml Schlagsahne, 1 Ei
2 El Vecchia Romagna (ital. Brandy), 60 g Cantuccini (ital. Mandelkekse)

1. Rotwein, Portwein und 60 g Zucker vermischen, auf etwa 200 ml Flüssigkeit einkochen lassen. Speisestärke mit kaltem Wasser glattrühren und einrühren. 10 Minuten leise kochen lassen.

2. Feigen waschen und mit einem Holzspießchen rundherum einstechen. In ein schmales, hohes Gefäß geben und mit der Weinmischung begießen, so daß die Früchte vollständig bedeckt sind. Über Nacht durchziehen lassen. Herausnehmen, kurz abtropfen lassen und in dünne Spalten schneiden.

3. Die Mandeln in einer Pfanne ohne Fett unter Wenden rösten. Restlichen Zucker zugeben und goldbraun schmelzen. Die Mandelmischung auf Alufolie abkühlen lassen und anschließend grob hacken.

4. Kuvertüre grob hacken und über einem Wasserbad dickflüssig schmelzen. Gelatine in kaltem Wasser einweichen, Sahne nicht zu steif schlagen.

5. Ei mit dem Brandy über einem Wasserbad dicklich-cremig aufschlagen. Vom Herd nehmen. Gelatine ausdrücken, in der lauwarmen Eicreme auflösen. Kuvertüre untermischen. Sahne nach und nach unterheben, dabei die Mandeln und 50 g der vorher zerbröselten Cantuccini untermischen. In eine Schüssel füllen, über Nacht kalt stellen.

6. Von der Mousse mit einem in heißes Wasser getauchten Eßlöffel Nocken abstechen und auf Tellern anrichten. Die Feigenspalten mit der Sauce dazugeben und mit den restlichen Keksen garnieren.

Zubereitungszeit: 1 Stunde (plus Kühl- und Marinierzeiten),
Pro Portion 14 g E, 47 g F, 105 g KH = 1058 kcal (4434 kJ)

Marinierte Kürbisspalten mit Feldsalat und Rauchfleisch

Zum Foto auf den Seiten 150/151

Für 2 Portionen:
200 g Kürbis
Salz
1 Tl Zucker
weißer Pfeffer (a. d. Mühle)
2 El Öl
3 El Weißweinessig
1 El Walnußöl
20 g Kürbiskerne
4 Tl Kürbiskernöl
30 g Feldsalat
4 Scheiben westfälisches Rauchfleisch (40 g)

1. Die Kürbiskerne mit einem Löffel herauskratzen. Den Kürbis wie eine Melone in 8 Spalten schneiden und dick schälen. Mit Salz, Zucker und Pfeffer würzen.

2. Das Öl in einer Pfanne erhitzen und die Kürbisspalten bei milder Hitze pro Seite 3–4 Minuten darin garen. Mit 2 El Essig ablöschen, Nußöl und 2 El Wasser dazugeben. Mit Salz und Pfeffer nachwürzen und vom Herd nehmen.

3. Kürbiskerne in 1 Tl Kürbiskernöl rösten und salzen.

4. Den Feldsalat putzen, gründlich waschen und trockenschleudern. Das restliche Kürbiskernöl und Essig mit Salz, Pfeffer und 2 El Wasser verrühren. Den Feldsalat damit marinieren.

5. Den Feldsalat mit den Kürbisspalten und den Rauchfleischscheiben anrichten und mit den Kürbiskernen bestreut servieren.

Zubereitungszeit: 30 Minuten
Pro Portion 7 g E, 31 g F, 9 g KH = 341 kcal (1428 kJ)

Steinbutt mit Artischocken und Zitronenbutter

Zum Foto auf den Seiten 150/151

Für 2 Portionen:
40 g durchwachsener Speck
1/2 Zitrone (unbehandelt)
2 Knoblauchzehen
1 Bund glatte Petersilie
2 El Öl
50 g Butter, Salz
schwarzer Pfeffer (a. d. Mühle)
300 g kleine Kartoffeln (festkochend)
125 g Perlzwiebeln
1/4 l Weißwein (trocken)
2 mittelgroße Artischocken (à 350 g)
1 kleiner Steinbutt (ca. 1 kg, ausgenommen, ersatzweise 2 küchenfertige Seezungen à 500 g)
125 g Kirschtomaten

1. Den Speck in feine Würfel schneiden. Die Schale der Zitrone fein abreiben. Die Knoblauchzehen durch die Presse drücken. Die Petersilienblätter von den Stielen zupfen und fein hacken. In einer Pfanne die Speckwürfel mit 1 El Öl knusprig auslassen. Mit der Butter, etwas Salz, der abgeriebenen Zitronenschale, der Hälfte der Petersilie und des Knoblauchs und grob gemahlenem Pfeffer mischen. Kalt stellen.

2. Die Kartoffeln waschen, schälen und in Salzwasser bißfest kochen. Dann durch ein Sieb abgießen. Die Perlzwiebeln pellen und mit der restlichen Knoblauchzehe, dem Wein, 200 ml Wasser, Salz und Pfeffer in einem Topf aufkochen lassen.

3. Die Artischocken dicht über dem Boden durchschneiden. Die Blätter rundum bis zum Ansatz zurückschneiden. Das Heu mit einem Löffel ablösen. Die Stiele auf 5 cm Länge kürzen und, am Artischockenboden beginnend, so schälen, daß die grünen Blatteile am Boden mit entfernt werden.

4. Die Böden mit dem Stiel längs halbieren und in jeweils 3 Spalten schneiden. Sofort in die Weinmischung zu den Perlzwiebeln geben. Im geschlossenen Topf bei mittlerer Hitze etwa 10–12 Minuten weich kochen.

5. Den Steinbutt gründlich kalt abwaschen, so daß alle Innereienreste entfernt werden. Den Fisch mit Küchenpapier trockentupfen und auf beiden Seiten links und rechts der Mittelgräte einschneiden. Salzen und pfeffern. Vom Artischockenfond 50 ml in die Saftpfanne geben, den Steinbutt mit der weißen Seite nach oben darauflegen und mit weiteren 50 ml Fond beträufeln.

6. Im vorgeheizten Backofen bei 225 Grad (Gas 4, Umluft 200 Grad) auf der 2. Einschubleiste von unten 20 Minuten garen.

7. Etwa 10 Minuten vor Ende der Garzeit das restliche Öl in einer Pfanne erhitzen und die Kartoffeln darin bei mittlerer Hitze goldbraun braten. Salzen und pfeffern, kurz vor dem Servieren die restliche Petersilie untermischen.

8. Etwa 8 Minuten vor Ende der Garzeit Kirschtomaten, abgetropfte Artischocken und Perlzwiebeln um den Steinbutt herum verteilen. Die Zitronenbutter 2 Minuten vor Ende der Garzeit in kleine Stücke zerteilen und auf den Fisch geben.

9. Den Steinbutt filieren und mit dem Gemüse und mit den Kartoffeln servieren.

Zubereitungszeit: 1 Stunde, 15 Minuten
Pro Portion 71 g E, 50 g F, 29 g KH = 897 kcal (3760 kJ)

Herbstmenü

Marinierte Kürbisspalten mit Feldsalat und Rauchfleisch

*

Steinbutt mit Artischocken und Zitronenbutter

*

Tocai Friulano (Weißwein aus dem Friaul)

*

Cantuccini-Mousse mit Barolo-Feigen

*

Espresso und Brandy

Plattfische:
Steinbutt und Seezunge

Der Steinbutt ist der größte und schwerste aller Plattfische: Bis zu einem Meter lang und bis zu zwanzig Kilogramm schwer kann der fast kreisrunde Koloß werden. Sein Filetanteil beträgt allerdings nur etwa 40 Prozent, das Fleisch ist fest und mager. Die Seezunge mit ihrem festen weißen Fleisch ist der edelste Plattfisch. Er lebt im Atlantik, in der Nord- und Ostsee und im Mittelmeer. Die beste Qualität haben Seezungen aus kalten Gewässern.

Wärmt das Gemüt: Win

Vorspeise Riesengarnelen und Miesmuscheln in einer sahnigen Zitronensauce   Hauptgericht Lammrück

termenü

Gegen Wintertristesse und gut für die Seele: sahnig das Fischgericht, edel und herzhaft zugleich das Lamm mit Bohnen, fruchtig die Birne mit Zimtsabayon und Schokoladeneis.

ilet mit Salbei und Barolosauce, dazu weiße Bohnen mit fritierter Petersilie. Rezepte auf Seite 157

Dessert Raffinierte Würze: Die Birnen werden in Orangensud gegart.

Birnen mit Schokoladeneis und Zimtsabayon

Zum Foto links

Für 2 Portionen:
60 g brauner Rohrzucker
2 Stücke Sternanis
3–4 Zimtstangen
1/2 El Wacholderbeeren
1 Orange (unbehandelt)
1 Zitrone
2 Birnen (fest, aber fast reif)
15 g Pistazienkerne
1 El Mandellikör, 2 Eigelb
Salz, 1 Tl Puderzucker
2 Portionen Schokoladeneis (à 125 ml)
1 Tl Schokoladenraspel

1. Am Vortag den Zucker mit 1/2 l Wasser, Sternanis, Zimtstangen und Wacholder 10 Minuten ohne Deckel kochen. 1/2 Orange dünn schälen, die Schale in sehr feine Späne schneiden. Den Saft der Zitrone und Orange auspressen und durch ein Sieb in den Zimtsud gießen.

2. Inzwischen die Birnen schälen und längs vierteln, die Kerngehäuse herausschneiden. Die Birnen mehrfach längs so einschneiden, daß sie am Stielende noch zusammenhalten. In den Sud legen, die Orangenspäne dazugeben. Birnen je nach Festigkeit 10–15 Minuten im sanft kochenden Sud garen, dann über Nacht darin auskühlen lassen.

3. Für die Sauce 1/8 l Sud durchsieben und ohne Deckel auf die Hälfte einkochen. Inzwischen die Pistazien längs halbieren. Den Mandellikör unter den Sud rühren. Eigelb, 1 Prise Salz und den Puderzucker mit 2 El heißem Sud verquirlen. Dann unter ständigem Schlagen mit dem Schneebesen in den heißen Sud gießen und erhitzen, bis die Sauce dicklich-schaumig ist.

4. Den Topf mit dem Boden sofort in kaltes Wasser stellen, Sauce noch einmal aufmixen. Die Birnen abtropfen lassen und auf Dessertteller legen. Mit der Sauce und dem Schokoladeneis anrichten. Zum Servieren mit den Pistazien und Schokoladenraspeln bestreuen.

Zubereitungszeit: 45 Minuten (plus Kühlzeit)
Pro Portion 9 g E, 19 g F,
84 g KH = 561 kcal (2338 kJ)

Garnelen-Muschel-Ragout

Zum Foto auf den Seiten 154/155

Für 2 Portionen:
350 g Miesmuscheln
1 El Öl
4 Riesengarnelen (roh, ohne Kopf, ungeschält, ca. 200 g)
40 g Butter
1/2 Knoblauchzehe
1/2 Zitrone (unbehandelt)
Salz
weißer Pfeffer (a. d. Mühle)
2 Eigelb
75 ml Sahne
1/2 Tl Senf (mittelscharf)
1/2 Bund Basilikum

1. Die Muscheln mehrfach in stehendem kaltem Wasser waschen. Muscheln, die sich nicht mehr schließen oder zerbrochen sind, aussortieren. Das Öl in einem Topf erhitzen und die übrigen Muscheln darin zugedeckt bei starker Hitze 5 Minuten garen, dann etwas abkühlen lassen. Das Muschelfleisch aus den Schalen lösen, dabei die Muscheln, die sich nicht geöffnet haben, aussortieren. 50 ml Muschelsud durch ein feines Sieb gießen.

2. Die Riesengarnelen kurz abspülen und schälen. Die Därme herausziehen. Jede Garnele in 4 Stücke schneiden. 15 g Butter schmelzen, den Knoblauch pellen und dazupressen. Die Garnelen bei schwacher Hitze darin 2 Minuten unter Rühren rötlich anbraten, das Muschelfleisch untermischen. Die Zitronenschale fein abreiben, den Saft auspressen. Die Garnelenmischung mit Salz, Pfeffer, Zitronenschale und 1 El Zitronensaft würzen und warm halten.

3. Für die Sauce Eigelb, Sahne, den gesiebten Muschelsud, Senf und 1 El Zitronensaft verquirlen. Die restliche Butter in sehr kleine Stückchen schneiden und unterrühren. Langsam bis kurz vor dem Aufkochen erhitzen, dabei mit dem Schneidstab schaumig aufschlagen. Sobald die Sauce dicklich gebunden ist, die Garnelen und die Muscheln hineingeben und kurz ziehen lassen. Die Basilikumblätter abzupfen und untermischen, dann sofort servieren.

Zubereitungszeit: 45 Minuten
Pro Portion 16 g E, 37 g F, 2 g KH = 420 kcal (1758 kJ)

Lammrückenfilet in Barolosauce

Zum Foto auf den Seiten 154/155

Für 2 Portionen:
1/2 Bund Suppengrün
1 Zwiebel
400 g Lammknochen (in kleine Stücke gesägt)
300 g Lammrückenfilet
schwarzer Pfeffer (a. d. Mühle)
Salz
4 Scheiben Frühstücksspeck
8 Salbeiblätter
1/2 El Tomatenmark
1 Stück Würfelzucker
1/4 l Barolo (italienischer Rotwein)
1 El Öl, 20 g kalte Butter

1. Das Suppengrün putzen und in grobe Stücke schneiden. Die Zwiebel pellen und halbieren, mit dem Suppengrün und den Lammknochen in einer Saftpfanne verteilen. Im vorgeheizten Backofen bei 225 Grad (Gas 4, Umluft 200 Grad) auf der 2. Einschubleiste von oben 45 Minuten rösten.

2. Inzwischen das Lammrückenfilet rundum sorgfältig putzen und in 2 Stücke schneiden. Jedes Stück mit Pfeffer und wenig Salz würzen und mit je 2 Scheiben Bacon umwickeln. Dabei jeweils 4 Salbeiblätter mit einwickeln. Das Fleisch zur Seite, aber nicht kalt stellen.

3. Die Saftpfanne aus dem Backofen nehmen und auf eine heiße Herdplatte stellen. Knochen und Gemüse mit einer Schaumkelle in einen Topf umfüllen. Das Tomatenmmark und den Zuckerwürfel in der Saftpfanne anrösten und mit dem Barolo ablöschen. Zu den Knochen im Topf gießen. 1/4 l heißes Wasser in die Saftpfanne geben. Alle Röststoffe mit einem Pinsel von der Pfanne lösen und zu den Knochen gießen.

4. Knochen und Bratenfond ohne Deckel 20 Minuten einkochen, durch ein Sieb gießen und entfetten. Den Ofen auf 150 Grad (Gas 1, Umluft 120 Grad) vorheizen. Das Öl in einer Pfanne erhitzen und das Fleisch darin von jeder Seite 1/2 Minute scharf anbraten und in eine ofenfeste Form legen. Auf der 2. Einschubleiste von unten in den Backofen schieben, 15 Minuten ziehen lassen, dabei einmal wenden.

5. Inzwischen den Saucenfond auf ca. 100 ml einkochen. Die Butter in kleine Stücke schneiden und in den sprudelnd kochenden Fond einrühren. Die Sauce mit Pfeffer würzen. Das Fleisch schräg durchschneiden und mit der Sauce und den weißen Bohnen auf vorgewärmten Tellern anrichten und sofort servieren.

Zubereitungszeit: 2 Stunden
Pro Portion 25 g E, 54 g F, 6 g KH = 642 kcal (2685 kJ)

Wintermenü

Aperitif: Weißwein aus Südfrankreich

✶

Garnelen-Muschel-Ragout

✶

Lammrückenfilet in Barolosauce

✶

Barolo (ital. Rotwein)

✶

Weiße Bohnen mit fritierter Petersilie

✶

Birnen mit Schokoladeneis und Zimtsabayon

✶

Kaffee

Weiße Bohnen mit fritierter Petersilie

Zum Foto auf den Seiten 154/155

Für 2 Portionen:
125 g weiße Bohnen
1 Knoblauchzehe
2 El Olivenöl
1 Tl Rosmarinnadeln
1/2 Tl Fenchelsaat
200 ml Kalbsfond (a. d. Glas)
1 Bund krause Petersilie
Öl zum Fritieren, 1–2 El sehr guter Aceto balsamico
schwarzer Pfeffer (grob gestoßen)

1. Am Vortag die Bohnen in 375 ml kaltem Wasser einweichen. Am nächsten Tag das Wasser abgießen. Knoblauch pellen und längs vierteln. In 1 El Olivenöl bei mäßiger Hitze glasig andünsten. Rosmarin und Fenchel dazugeben. Die Bohnen unterrühren, den Kalbsfond mit 100 ml Wasser mischen und dazugießen.

2. Bohnen im offenen Topf etwa 1 1/2 bis 1 3/4 Stunden bei schwacher Hitze weich kochen, aber möglichst nicht zerfallen lassen. Nach 1 Stunde mit Salz würzen. Inzwischen die Petersilie abzupfen und im heißen Öl portionsweise 1 Minute fritieren. Auf Küchenpapier abtropfen lassen.

3. Die Bohnen in einem Sieb abtropfen lassen und im restlichen Olivenöl schwenken. Kräftig mit Aceto balsamico und Pfeffer würzen. Mit der Petersilie garniert servieren.

Zubereitungszeit: 2 Stunden (plus Einweichzeit)
Pro Portion 15 g E, 21 g F, 31 g KH = 389 kcal (1625 kJ)

Register